계약을 부르는

보험금
세일즈

계약을 부르는 보험금 세일즈

지급 사례를 활용한 세일즈 스킬업

초판 1쇄 발행 2018년 10월 5일

지은이 장은서
발행인 송현옥
편집인 옥기종
펴낸곳 도서출판 더블:엔
출판등록 2011년 3월 16일 제2011-000014호

주소 서울시 강서구 마곡서1로 132, 301-901
전화 070_4306_9802
팩스 0505_137_7474
이메일 double_en@naver.com

표지종이 앙상블 e클래스 엑스트라화이트 210g
본문종이 그린라이트 80g

ISBN 978-89-98294-47-2 (03320) 종이책
ISBN 978-89-98294-48-9 (05320) 전자책

계약을 부르는

보험금
세일즈

지급 사례를 활용한 세일즈 스킬업

장은서 지음

숨겨진 보험금을 파는

심리
세일즈 팁
21
수록

더블:엔

서기봉 NH생명 대표이사

고객의 심리를 파악하여 활용하는 것은 성공적인 마케팅에서
불변의 법칙이라고 할 수 있다. 이 책은 설계사들이 고객을 상
대할 때 놓치거나 알아채지 못하는 고객의 심리를 여러 사례
를 통해 하나하나 제시하며 마케팅으로 활용할 것을 이야기하
고 있다. 보험은 상품특성상 고객의 정보가 설계사에게 제공될
수밖에 없는데 이 정보는 성별, 나이, 병력, 직업 등의 객관적인
것 이외에 주관적 부분인 고객의 사생활까지 포함하고 있다.
설계사들이 놓치기 쉬운 고객의 니즈는 주로 사적인 부분에서
나온다. 설계사는 이를 충분히 파악해 응대해야 하고, 상황에
따라 먼저 다가가 도움을 주면서 고객을 관리해야 한다.

한 번 호감이 생기면 설득하기가 더욱 쉬워지는 게 바로 세일
즈의 장점이다. 가입이 안 될 거라 생각하고 있는 고객에게 가
입 가능한 보험들을 안내하여 고객을 만족시키는 전략, 화법을
조금만 바꿔도 긍정적인 효과를 불러오는 칭찬 전략의 효과 등

을 살펴보며 이 책은 다양한 상황에서 적절히 활용할 수 있는 감성 마케팅 전략들을 깔끔하게 소개하고 있다.

뿐만 아니라 저자는 설계사가 반드시 지녀야 할 덕목으로 '고객서비스 정신'과 '도덕적 의식'을 강조한다. 보험전문가로서의 저자의 프로정신을 엿볼 수 있는 대목이자, 이 책의 또 다른 장점이 아닐까 생각한다.

이 책을 현장에서 열심히 뛰고 있는 설계사들의 필독서로 자신 있게 추천한다. 일을 시작한 지 얼마 안 된 영업인은 물론 가끔 슬럼프에 빠져들거나 응원이 필요한 베테랑 설계사들에게도 큰 도움이 되리라 확신한다.

항상 치밀하게 분석하고 한 번 더 생각하며 일하는 저자의 노력이 묻어나는 이 책을 통해 많은 설계사들이 도움을 받고 한 단계 더 성장했으면 하는 바람이다.

정준택 NH생명 상근감사위원

저자는 보험 영업 심사, 보상은 물론 교육, 세일즈 등 보험의 다양한 분야에서 활동하는 팔방미인형 보험인이다. 그런 필자가 보험설계사들을 위한 세일즈 스킬까지 세심히 알려준다. 은퇴자, 유병력자, 치매 그리고 상속 목적 등 빠르고 다양하게 변하는 고객의 형태에 맞는 보험 적용과 놓치지 말아야 할 부분들을 지적하고 있다. 특히 보험금 지급 사례를 활용하는 동시에 고객의 심리를 잘 살펴 활용할 수 있다면 신뢰를 얻고 판매율을 높일 수 있다고 제시한다.

얼마 전부터는 가입한 보험 중 찾지 않았던 보험 환급금, 미수령 보험금을 조회하여 찾을 수 있는 시스템이 마련되었다. 다른 상품의 지속적인 판매와 잠재고객 유치를 위해 중요한 세일즈 스킬이 바로 미리미리 알아서 처리해주는 서비스다. 이런 서비스를 가장 접점에서 서비스할 수 있는 설계사에게 저자의 이 책은 고객이 원하는 보험과 보험금을 다루고 영업인이 원하는 세일즈 스킬까지 총망라한 보험세일즈 바이블이다.

유은희 보험일보 기자

20~30년 일하며 노하우를 기른 보험설계사의 성공스토리나 전문 손해사정사의 보험금 보상 이야기도 중요하지만, 그들의 이야기는 이미 많다. 저자는 보험금 지급을 위한 인수심사부터 상품개발·마케팅·영업관리 등 보험 내외야를 두루 경험해본 몇 안 되는 보험통이다. 보상에 정통하다 자부하는 보험설계사가 보상 실무자보다 보상을 더 잘 알 수 있을까? 보험 세일즈를 해본 적 없는 손해사정사가 보상을 활용한 보험금 마케팅을 논할 수 있을까?

보험 시장에서 이제 막 일을 시작한 사람들, 급변하는 시장 환경 속 블루오션을 쫓는 사람들에게는 실제 보상현장에서 보험금 지급심사를 경험해보고 영업현장에서 설계사들과 함께 신계약 창출을 고민하며 해답을 모색해본 저자와 같은 실무자의 이야기가 더 필요하고 와닿는다. 저자는 이미 설계사들과 비슷한 고민, 경험을 했고 시행착오 또한 미리 겪었으며, 보상 & 상품 강연을 통해 실질적으로 영업을 하는데 도움을 주고 있기 때문이다. 이 책이 보험보상, 나아가 보험금 마케팅 영역에서 그 역할을 하는 시발점이 되길 바란다.

보험금 마케팅이 왜 필요한가

10여 년을 보험과 함께 해오면서, 특히 AM(Agency Marketing/법인대리점) 부서에서 교육 및 영업관리를 하면서 저는 많은 GA 설계사들로부터 '보험금 지급 사례'에 대한 강의 요청을 받아 수백 차례 교육을 진행했습니다.

교육을 하다 보니 더 많은 보험 영업인들은 물론 많은 고객들이 자신이 가입한 보험의 '보험금'과 올바른 보험가입에 대해 알았으면 좋겠다는 생각에《보험금, 아는 만큼 더 받는다》와《내 몸에 꼭 맞는 보험활용백서》를 출간했습니다.

이후 보험금 지급 사례에 '세일즈 스킬'을 접목해 강의를 시작했는데 '세일즈 심리'를 더한 후 더 많은 강의 요청이 들어오더군요. 많은 보험 영업인들에게 이 내용을 널리 전파해야 한다는 생각이 들었습니다.

요즘 보험사에서는 고객이 못 받은 보험금이나 휴면보험금 찾아주기 캠페인을 진행하고 있습니다. 이렇게 보험사가 나서서 고객의 보험금을 찾아준다면 회사의 이미지 개선효과와 더불어 담당영업인의 고객신뢰를 쌓는 중요한 과정이 될 수 있습니다. 이런 행동은 또 다른 보험상품 가입으로 연결되기도 합니다. 고객들의 보험금 청구를 돕다 보면 자연스레 고객의 소개나 신계약으로 이어지는 경우가 많습니다. 이를 경험해보신 분들은 아실 거라 생각합니다. 고객은 보험을 가입할 때 '보험'이 아닌 '보험금'을 위해, 즉 본인이 받을 이익을 위해 가입을 합니다. 따라서 고객이 받을 이익은 무엇인지를 알려주고 또 실제로 그런 일이 발생했을 때 가장 잘 도와줄 수 있는 믿음가는 영업인이 바로 나라는 것을 고객에게 어필해야 합니다.

보험금을 청구했는데 받지 못한 기억이 강한 고객은 다시는 보험에 가입하지 않겠다고도 합니다. 어려울 때 보험의 역할이 빛을 발해야 하는데 그렇지 못한 것이죠. 그래서 고객의 못 받은 보험금을 찾아줘 신뢰를 쌓는다면 이후에는 고객이 고객을 알아서 몰고 오는 자연스러운 현상이 생깁니다. 고객이 스스로 일하게 만드는 패턴이 형성되는 것입니다. 결국 고객은 내가 가입한 보험에서 보험금의 혜택이 어떤지를 제일 궁금해하고 그걸 위해 가입하는 거니까요.

이 책에서는 고객과 나누는 대화 속에서 자주 발생하는 보험금 지급 사례를 보험금 세일즈로 풀어내어 계약을 부르는 힘을 키우고자 합니다. 덧붙여 '심리를 활용한 세일즈 팁'에는 고객이 반드시 계약하게 하는 심리마케팅 기법을 실었습니다. 지금도 영업현장에서 고객들을 위해 열심히 정진하시는 많은 보험 영업인들에게 작은 도움이 되길 바라며 늘 응원합니다.

더 많은 사례를 담아내고자 했으나 개인적인 상황으로 못다한 내용들이 있어 아쉽습니다. 향후 제2권으로 업그레이드하여 좋은 내용으로 내놓겠습니다.

세 번째 책 집필을 응원해주신 농협생명 서기봉 대표이사님, 항상 응원의 말씀을 해주시는 상근감사위원 정준택 감사님,

한재선 부사장님, 최병휘 본부장님, 늘 마음 써주시는 주경돈 본부장님, 김철한 부장님, 서울FC사업단 장병철 단장님, 광주 FC사업단 석문조 단장님, 이경숙 센터장님께 진심으로 감사드 립니다.

또한 숭실대학교 경영대학 김근배 교수님, 안승호 교수님, 강기두 교수님, 전홍식 교수님, KB생명 양재경 본부장님, 보험업계의 발전을 위해 불철주야 힘쓰시는 SK M&Service 장만영 상무님, 보험전문가라는 타이틀을 위해 정진하라고 조언해주신 김승억 전 농협생명 부사장님, 윤기석 전 흥국생명 전무님, 보험일보사 유은희 기자님과 농협생명 김정민 차장님, 김웅주 차장님, F4멤버, 양희석 변호사님, 이자현 차장님, 이승준 과장님, 국립 안동대학교 정갑연 교수님, (주)창헬스케어 황은경 이사님, 한화 손해보험 메디컬팀 서준호 부장님께 깊은 감사를 전합니다.

그리고 나를 살아가게 하는 힘, 사랑하는 나의 가족에게 감사의 마음을 전합니다.

CONTENTS

반드시 알아야 할
보험금 마케팅

재해와 상해!
보험금의 차이

고객 팀장님! 안녕하세요? 이렇게 와주셔서 감사합니다.

다름이 아니라, 궁금한 게 있어서요. 제가 아는 분이 작년에 A손해보험과 B생명보험에 보험을 가입했는데 수술 중에 사망하셨어요. 그런데 한 보험사에서는 보험금이 나오고 한 곳에서는 안 나온다고 했대요. 어떻게 두 곳에 가입했는데 한 보험에서는 나오는 돈이 하나도 없을 수 있나요? 아이들과 살길도 막막하고, 가입한 보험에서 그래도 보험금이 좀 나와야 살아가는데 도움이 될 텐데. 이런 구조라면 보험 어떻게 들겠어요?

나 아, 그런 일이 있으셨어요? 대리님, 상황을 좀더 자세히 말씀해주시겠어요? 보험은 각각 해당하는 것만 보장을 하는데, 가끔 자동차보험에 가입하고 질병으로 사망했을 경우에 사망보험금이 안 나온다고 하시는 분도 계세요.

보험은 정해진 사고만 보장해주기 때문에 어떤 보험을 어떤 보장으로 가입했느냐가 중요하답니다.

고객 말기신부전으로 신장이식 수술 중에 사망했어요. 수술 중에 사망했으니 보험회사에서 얘기하는 질병 치료하다가 사망한 거잖아요. 나와야 하는 게 맞는 거 아닌가요?

나 자세한 건 살펴봐야겠지만 추측하건대, 혹시 그분이 생명보험사에 재해사망보험과 손해보험사에 상해사망보험을 가입해놓은 것 같고 아마 재해사망에 해당이 되느냐, 상해사망에 해당이 되느냐가 포커스였던거 같아요.

고객 맞아요. 재해나 상해나 같은 거 아닌가요? 왜 다른가요? 사고잖아요. 수술 중 사고, 예기치 못한 질병이나 사고를 보장한다는 게 보험인데, 뭐가 이렇게 돈 낸 사람 억울하게 만드나요?

나 음, 대리님 이해하시기 쉽게 설명을 해드릴게요. 보험이 다소 어렵고 복잡한 건 사실이에요. 가입한 보장은 그 부분에 맞게 보험료를 책정하여 받고 약속한 보장은 무슨 일이 있어도 해주는 게 맞아요. 예를 들어 전자레인지를 구입하면서 카드로 결제를 했다고 해볼까요? 현금과 달리 카드는 제휴된 상점과 카드사와의 거래계약이 있죠. 그 계약에 해당하는 부분만 카드사에서 허락하는 거죠.

보험도 마찬가지입니다.

지인분은 말기신부전으로 인한 신장이식 수술 중 사망하신 거라고 했죠? 따라서 수술 중 사망이라는 우발적인 외래의 사고, 즉 재해사망의 정의에는 포함됩니다. 하지만 신부전은 천천히 생기는 질병이죠. 즉, 급격한 사고가 아닙니다. 따라서 상해에는 포함되지 않죠. 생명보험사는 재해사망에 따라 보장하며, 손해보험사는 상해사망이라고 보지 않아 보장하지 않았을 거예요.

고객 아, 손해보험과 생명보험이 달라요? 사망은 다 같은 게 아니었군요. 그럼 가입할 때 다 따져보고 가입해야겠네요. 근데 아마 제 주위에 아무도 이런 거 모를 걸요? 이게 이렇게 차이가 있고 다르다는 걸 알았으면, 처음부터 가입 안 했을 거예요.

나 대리님, 제가 자세히 설명드려 볼게요. 생명보험은 생명보험대로, 손해보험은 또 손해보험대로 각각 장단점이 있답니다. 손해보험의 상해사고 요건은 3가지인데요. 우선 급격하고 우연하고 외래적인 사고를 보상해요. '급격'이라 함은 결과의 발생을 피할 수 없을 정도로 급박한 상태를 의미하는데요. 유독가스나 유독물질을 섭취했을 때 생기는 중독 증상을 말하죠. '우연성'은 보험사고의 핵심적인 필요조건으로 원인 또는 결과의 발생이 예견 되지 않은 상태를 말하고, 정당방위나 긴급피난, 정당행 위를 말합니다. '외래성'은 보험사고의 원인에서 결과에 이르기까지의 경과에 있어 어떠한 외부적 요인이 신체에 영향을 미치는 것인데요. 신체의 상해발생의 원인이 피 보험자의 신체에 내재하는 것이 아니고 외부에 있는 것 을 의미합니다. 대표적인 사고가 무거운 물건을 들다가 허리를 다친 경우나 어디서 미끄러져 다치는 사고 같은 거라고 생각하시면 됩니다.

고객 이렇게 자세히 얘기해주시니까 좀 이해가 되네요. 그럼, 생명보험사는 뭐가 다른가요?

나 생명보험의 재해는 우발적인 외래의 사고를 보장해요. 비행기사고나 쓰나미 같은 천재지변으로 인한 사고도 보 장하구요. 반면, 탈수, 익사, 과로 등으로 인한 사고는 제 외됩니다. 손해보험의 상해는 생명보험사와 달리 쓰나 미와 같은 천재지변은 제외되고요. 직업, 직무, 동호회 활동(전문등반, 스킨스쿠버, 패러글라이딩 등)으로 인한 사고도 제외돼요.

정리를 해보면, 생명보험의 재해요건은 급격하고 우연한 사고이고, 손해보험의 상해는 급격하고 우연한 외래의 사고를 보장합니다.

고객　팀장님같이 이렇게 자세히 설명해주시는 분이 없었는데, 조금 감이 오네요. 그러면 생명보험, 손해보험 각각 있어야 빠짐없이 보장되는 거네요. 두 개가 합쳐지면 가장 좋겠는데요. 그런 건 없나요?

나　생명보험과 손해보험이 각각의 주요 특징이 있어서 합쳐진 보험은 전 세계 어디에도 없어요, 대리님. 그런데 요즘에는 보장하는 진단비나 그런 것들은 거의 같아요. 점차 보험도 융합되고 있는 거죠.

고객　아! 일단 각각 장점들만 모아서 가입하는 게 제일 좋다는 거네요? 저도 손해보험 상품과 생명보험 상품을 가입해놓은 거 같은데 팀장님께서 한번 좀 봐주세요. 부족한 부분이 뭔지도 알려주시고요. 주위에 병원 신세 지는 사람들 보면서 내가 가입한 상품들이 뭔지 한번 살펴봐야겠다 생각하고 있었는데, 다행이네요.

나　네, 대리님. 물론 잘 가입하셨겠지만, 제가 한번 분석해드릴게요. 다음주 화요일 오후에 시간 어떠세요?

고객　좋아요!

효과적인 스토리텔링 기법

 감성을 이끌어내는 방법 중의 하나가 바로 스토리텔링 기법입니다. 이 '스토리'에는 확률과 사례와 감성 멘트들을 모두 사용할 수 있습니다. 스토리텔링을 할 때 중요한 것은 딱 3가지입니다.

첫째, 간결하게 제시해야 하고
둘째, 쉽게 설명하고
셋째, 기억에 남도록 해야 합니다.

장황하게 너무 많은 내용을 설명하기보다는 간결하게 핵심만을, 초등학생도 알아들을 정도로 쉽게 설명하고, 머리에 각인이 될 수 있도록 이미지를 만들어 심어줘야 한다는 것입니다. 내 얘기 또는 내 주위의 얘기들을 가지고 한번 도전해보시길 바랍니다.

성형외과에서 수술받은 유방복원술

나   민지 씨, 잘 지내셨어요?

저는 얼마 전에 병원에서 암검진을 받았답니다. 검진받으라고 국가에서 우편물이 왔는데 무서워서 미루고 미루다가 갔는데 혹이 있다고 해서 조직 검사까지 받았어요. 다행히도 양성종양으로 나와서 한시름 놨답니다. 민지 씨는 정기적으로 검진 잘 받고 계시죠?

고객   어휴, 두근두근 하셨겠어요. 그래도 다행이네요. 그래서 검사는 자주 챙겨서 받아야 하는 것 같아요. 저도 받으라고 나왔는데, 왠지 불안해지네요. 이러다가 시기를 놓치면 안 되는데. 마치 치과 가기 싫어서 아픈 걸 참고 또 참는 아이 같지 뭐예요.

나   그러니까 그냥 아무 생각 말고 받으세요, 민지씨.

고객   근데 팀장님, 제 지인 중에 한 분이 직장 내 건강검진으로 검사를 받은 후 유방암이 의심된다는 소견을 받아서 큰 병원에 갔대요. 그리고 수술하고 조직검사 후 유방암 진단을 받았구요. 근데 유방을 일부 절제하고 유방복원술이라는 걸 받았는데 수술비만 1,500만원이 나왔대요. 이런 거도 다 보험회사에서 나오나요? 성형외과에서 받았다고 하는데, 성형은 보험회사에서 안 해주는 거죠?

나 민지씨, 잘 아시네요. 성형외과에서의 치료는 보험회사에서 안 해주는 게 맞아요. 성형외과는 주로 성형을 위해서 가는 거지, 치료를 위해서는 잘 안 가니까요.

유방암 진단을 받으면 기본적으로 암종이 있는 부위의 절제술을 받는데요. 초기 유방암의 경우엔 암과 주위의 조직 일부를 절제하는 유방보존술을 받아요. 그런데 암의 크기가 크거나 여러 곳에 종양이 있는 경우는 유방절제술을 받아요. 사실 유방은 여성성의 상징이잖아요. 그래서 유방암 진단을 받은 여성들은 암으로 인한 고통보다 여성성을 상실했다는 자괴감 때문에 힘들어한다고 해요. 실제 유방암 수술을 받은 환자들은 재발에 대한 두려움보다 심리적 고통에 더 많이 시달린다는 보고가 있어서 유방절제술을 하면서 유방복원술을 같이 시행하는 경우가 많아요.

유방암 수술은 유방외과나 일반외과에서 받지만, 유방복원술은 성형외과에서 시행해요. 암진단을 받으면 대부분 종합병원급에서 치료를 하고 복원술도 동시에 시행을 해요. 하지만 이 복원술은 국민건강보험공단 요양급여 기준에 따라 모두 비급여로 처리되어 환자가 100% 부담해야 하는데, 보통 비용이 현재 대학병원 기준 1,500만원 수준이라고 해요. 이렇다 보니 유방암 진단을 받고, 절제술, 복원술, 항암치료까지 포함하면 실제 쓴 의료비는 어마어마해지죠.

고객   맞아요. 그만큼 비싸더라구요. 성형외과에서 하는 거라 그런가 봐요.

나   문제는 민지 씨가 말씀하신 대로 유방복원술에 대한 비용을 실손에서 지급하느냐 하는 부분인데요. 실손의료보험 표준약관상 건강보험의 비급여 대상으로 신체의 필수 기능개선 목적이 아닌 외모개선 목적의 치료로 인하여 발생한 의료비인 유방확대축소술은 보상하지 않지만, 유방암환자의 유방재건술(복원술)은 보상이 된다고 명시되어 있어요.

고객   아, 그래요? 정말 다행이네요.

나   그동안 성형외과에서 한 유방복원술에 대해 실손의료비를 지급하는 것이 맞느냐 아니냐에 대해 논란이 많았던 건 사실이에요. 이전엔 실무에서는 뚜렷한 기준이 없었기 때문에 미용 목적으로 보험금을 지급 거절하거나 일부만을 지급하는 사례들이 있었죠. 문제는 암 수술을 위해 치료를 목적으로 한 것으로 볼 수 있는가 였는데, 몇 년 전 아주 주목할 만한 조정사례가 있었어요. (2012.09.25. 금융분쟁조정위원회 조정 결정)

조정 내용은 유방암 진단 후, 유방절제술을 한 환자들에게 예상되는 우울증이나 인체 비대칭으로 인한 합병증(척추측만증, 어깨 처짐, 허리통증 등) 예방을 위해 필요하다면, 원래 모습으로의 유방 재건은 치료를 위한 것으로 봐야 하므로, 이 유방복원술 비용을 실손의료비에서 지급하라는 것이었습니다.

고객 아! 이래서 보험에 가입하는군요.

나 따라서 2016년 1월 1일 약관부터는 실손의료비특약에서 비급여 대상으로 신체의 필수 기능개선 목적이 아닌 외모개선 목적의 치료로 인하여 발생한 의료비인 유방확대축소술은 보상하지 않지만, 유방암환자의 유방재건술(복원술)은 보상이 된다는 문구가 명시되어 보험금을 지급 받을 수 있게 되었으니까 주위 분들에게 많이 얘기해주세요.

고객 팀장님 덕분에 많이 알게 되네요. 보험, 가지고만 있으면 이런 거 되는 거 절대 몰라요. 이렇게 좋은 분을 만난 것도 제 복인 것 같아요. 감사합니다!

우리의 '손'은 이렇게나 중요한 역할을…

 비언어적 행동의 관찰에서 몸짓의 언어를 중요하게 살펴야 할 곳이 바로 '손'입니다. 우리의 뇌는 생각과 정서, 미묘한 느낌을 전달하는데 손을 끌어들이는데요. 고객을 만나 대화를 하거나 프리젠테이션을 할 기회가 있다면 고객 손의 움직임을 살펴보세요. 만약 대화 도중 고객이 어깨의 먼지를 털거나 머리를 만지는 등의 행동을 한다면 상대의 말에 관심이 없다는 신호입니다. 반대로 손가락 깍지를 꼈는데 엄지를 위로 향하는 것은 긍정적 사고를 하고 있다는 신호입니다. 따라서 대화를 할 때 고객의 반응을 잘 관찰하여 그에 따라 대화를 좀 더 흥미롭게 할 것인지, 강력한 한 마디로 클로징을 할 것인지 즉각 대응하는 기술이 필요합니다.

이와 마찬가지로 내 손의 움직임도 고객에게 영향을 미친다는 사실을 잘 알아야 합니다. 우리는 서로 상대방과 말을 하는 동안 손으로 자연스럽게 눈길을 주기도 하는데 만약 손을 숨기거나 손의 표현이 부족하다면 상대방으로 하여금 자신감 없고 무언가를 속이거나 거짓말을 하고 있다는 인식을 줄 수도 있습니다. 풍부하고 효과적인 손의 표현은 자신의 생각을 보다 설득력 있게 전달할 수 있다는 것을 기억해야겠습니다.

이혼한 배우자의
사망보험금은 누구에게?

나   얼마 전까지만 해도 우리 사회에서 이혼은 쉬쉬하면서 감추는 분위기였고 불행하다는 인식과 주위의 안 좋은 시선까지 감당해야 하는 일이었는데요. 물론 지금도 전혀 그렇지 않다는 건 아니지만 그래도 전에 비하면 인식이 많이 달라졌죠? 군이 백년해로나 '검은 머리 파뿌리 될 때까지'와 같은 말을 떠올리지 않아도 이혼을 염두에 두고 결혼을 하는 사람은 아마도 없을 거예요.

방금 결혼식을 마친 신혼부부에게 당신이 이혼할 확률을 묻는다면 어떤 답이 나올까요? 거의 모든 사람들이 우리는 그럴 일이 절대 없다고 할 거예요.

고객   그야 당연하죠. 그런데 요즘 제 주위에도 이혼하는 사람들이 많아진 건 사실이에요.

나   통계청 자료에 따르면, 지난 40여 년간 혼인율은 약 30%

정도 감소한데 비해 이혼율은 약 600% 정도 증가했고 단순 수치로도 2013년에 약 32만 쌍이 결혼하고 약 11만 쌍이 이혼했다고 하네요. 결혼과 이혼에 대한 우리의 인식이 변화해 왔다는 것을 짐작할 수 있죠.

이혼을 하고 싶어서 하는 것도 아니고 어쩔 수 없이 한다고들 하지만 보험금 부분에서는 복잡하게 작용할 수가 있어서 보험에 가입할 때나 가입 후에도 일부 변경을 해야 하는 것들이 있답니다.

고객 네? 아니 이혼한 것도 속상한데, 보험금 때문에 문제가 생겨요? 어떤 문제가 생기나요?

나 사례를 하나 말씀드릴게요. 중학생 자녀 둘을 둔 아버지가 있었는데요. 얼마 전 부인과 이혼하고 친권과 양육권은 아버지가 갖고 어머니는 매달 100만원씩 꼬박꼬박 양육비를 지급했어요. 아이들은 친할머니가 양육을 했다고 해요. 얼마 뒤 아버지가 재해사고로 사망을 했고 할머니는 자신의 아들이 가입해둔 종신보험에 사망보험금 을 청구했습니다. 사망 시 수익자는 법정상속인으로 가입되어 있었구요.

고객 네, 그런데요?

나 이럴 경우 아이들의 친권은 이혼한 부인에게 돌아갈까요? 보험금은 할머니가 받을 수 있는 걸까요?

고객 글쎄요. 당연히 아이들의 친권은 부인에게 돌아가겠죠? 그리고 보험금은 할머니가 받아야 하는 거 아닌가요?

나 사실 이혼은 부부 둘만의 문제가 아니에요. 결혼해서 낳은 아이가 있다면 이혼은 아이에게도 영향을 미치게 마련인데요. 우선 친권에 대해 자세하게 말씀드릴게요. 친권이란 부모가 미성년인 자녀에 대해 가지는 신분·재산상 권리와 의무를 말해요. 부모는 미성년자인 자녀의 친권자가 되고, 양자(養子)의 경우에는 양부모가 친권자가 됩니다. 친권은 부모가 혼인 중인 때에는 부모가 공동으로 행사하고, 이혼하는 경우에는 친권자를 지정해야 해요. 친권을 행사하는 부(父) 또는 모(母)는 미성년자인 자녀의 법정대리인이 되고 다음과 같은 친권을 행사해요.

1. 자녀를 보호·교양할 권리의무

2. 자녀가 거주하는 장소를 지정할 수 있는 거소지정권

3. 자녀의 보호·교양을 위해 필요한 징계를 하고 법원의 허가를 받아 감화 또는 교정기관에 위탁할 수 있는 징계권

4. 자녀가 자기명의로 취득한 특유재산에 관한 관리권

5. 자녀의 재산에 관한, 다만 무상(無償)으로 자녀에게 재산을 수여한 제3자가 친권자의 관리에 반대하는 의사

를 표시한 경우에는 친권자는 그 재산을 관리하지 못합니다. 이 경우 제3자가 그 재산관리인을 지정하지 않으면 법원은 재산의 수여를 받은 사람 또는 친족(8촌 이내의 혈족, 4촌 이내의 인척 및 배우자)의 청구에 따라 관리인을 선임합니다.

6. 법률행위의 대리권을 갖습니다. 만약 협의이혼을 하는 경우는 부부가 합의해서 친권자를 지정해야 하고, 합의할 수 없거나 합의가 이루어지지 않는 경우에는 가정법원이 직권으로 또는 당사자의 청구에 따라 친권자를 지정합니다.

친권자가 지정된 후에도 자녀의 복리를 위해 필요한 경우에는 자녀의 4촌 이내의 친족의 청구에 따라 가정법원이 친권자를 변경할 수 있습니다.

2013년 7월 1일부터 시행된 법이 있는데 '친권자동부활금지제'라는 것입니다(일명 최진실법이라고도 합니다). 부모가 이혼한 후에 미성년 자녀의 친권을 가진 한 쪽 부모가 사망한 경우 나머지 한 쪽 부모에게 자동으로 넘어가는 게 아니라 가정법원의 심사를 거쳐 친권자를 선정하는 제도랍니다.

2008년 최진실 씨 사망 후 친권이 아버지 조성민 씨에게 자동으로 넘어가자 그동안 남매를 키워온 외할머니에게도 친권을 주장할 수 있도록 해야 한다는 취지에서 만들어진 법인데 사실 여론이 만든 법이라고 해도 과언이 아니죠. 따라서 이혼한 경우(이후 배우자 사망 시)에는 여러 상황을 봐서 아이들의 친권은 법원에서 심사를 통해 지정되는 것이니 어쩔 수 없지만 개인보험에서는 수익자도 변경할 필요가 있는 것입니다. 이런 걸 챙겨주는 보험 영업인을 곁에 두시는 것도 중요하구요.

고객 아, 제 주위에 이혼한 친구가 있는데 보험 문제 때문에 복잡하다고 말한 걸 들은 기억이 나네요. 팀장님, 제 친구 상담 좀 해주시겠어요? 근데 팀장님께 보험 가입을 한 게 아니어서 죄송하네요. 혹시 가능할까요?

나 아유, 충분히 가능하죠. 고객님 지인분을 돕는 건데요. 이럴 때 저도 소개받는 거죠. 언제 가능하신지 알려주시면 찾아뵐게요.

004

실효된 계약의 보험금

나   원장님, 오늘 시간 괜찮으세요?

고객   네, 괜찮습니다. 참, 지난번에 팀장님이 말씀해주신 덕분에 저도 몰랐던 보험금을 청구해서 받았어요. 정말 감사했습니다.

나   별 말씀을요, 제가 당연히 해드려야 할 일이었는데요. 오늘 시간 되시면 보험금 관련해서 도움되는 얘기 하나 해드릴까 싶어서요.

고객   아, 네! 어떤 건가요?

나   필요해서 보험에 가입했는데 이런저런 이유로 실효가 되어 보험 보장을 받는 데 어려워하는 분들이 주변에 의외로 많으시더라구요. 기본적으로 보험은 회사와 계약자 서로 간의 약속으로 이루어진 계약이죠. 계약자는 매월 날짜를 정하여 일정한 보험료를 납입해야 하는 의무가 있고, 회사는 계약 기간 동안 발생하는 질병이나 상해 사고에 대하여 보상해야 하는 책임이 있기 때문에 서로의 약속과 다르게 보험료 납입이 되지 않는다면 회사는 보상의 책임의무가 발생하지 않는답니다. 보험료가 두 달 연체된 경우 회사는 고객에게 연체사실을 알리고 계약을 해지하는데요. 이렇게 효력이 없어지는 것을 '실효'라고 해요.

고객 아, 예전에 저도 이렇게 보험계약 실효라고 안내장 받은 기억이 나네요.

나 다만! 보험사가 실효 안내를 안 하고 임의로 해지할 수는 없어요. 반드시 고객에게 연체사실과 실효에 대해 서면 혹은 전화를 통해 알려줘야 하는데요. 사실 저도 보험계약이 실효된 적이 있었어요. 7년 전쯤 급여의 자동이체 계좌를 바꾸면서 순간적으로 가입한 보험의 보험료가 매달 빠지고 있다는 것을 인식하지 못한 거죠. 연락이 왔었지만 그것조차도 깜박하고 넘어간 거죠. 사실 이 업계에 10년씩 있는 저도 이런 경우가 있는데, 하물며 보통 고객분들은 더 많이 당면할 수 있는 문제이기도 해요. 사례 하나 말씀드려볼게요.

고객님 한 분이 손목이 아파서 정형외과에서 물리치료

를 받고 계시는데요. 진료비가 꽤 나와서 실손보험에 청구를 했는데, 한 달 전에 보험계약이 실효가 됐다고 하더래요. 생각해 보니 문자와 전화를 받았던 기억이 난 거예요. 이런 경우 보험금을 못 받을까요?

고객 아깝긴 하지만 실효되었으니 보험금은 못 받겠는데요.

나 아닙니다. 이런 경우는 보험금을 받을 수 있습니다. 손목이 아파서 치료를 시작한 시점이 보험기간 중이라면 그때부터 실손의료비보험 보상 시작일로 보는데요. 따라서 현재 계약이 실효상태라 하더라도 보험기간 중에 발생한 의료비에 대해서는 보상을 받을 수 있습니다. 또한 후유장해진단을 받았다거나 각종 진단을 받았을 경우 또 그 진단받은 시점이 보험기간 중이라면 보험금을 지급받을 수 있답니다. 먼저 계약이 실효가 된 상태라는 것을 알았다면 발병 시기와 실효 시점을 확인하고 보험기간 중이라면 보상이 되니 무조건 안 될거라 생각치 마시고 확인이 필요하다는 것, 기억하셔야겠죠?

어려운 문제가 생기거나 궁금한 게 생기시면 언제든 저에게 문의해주시면 제가 도와드리겠습니다.

고객 아! 그렇게 되는 거군요. 이런 내용을 모르는 사람들이 많을 거 같아요. 팀장님 덕분에 저도 보험박사가 되겠네요. 팀장님 자주 뵈어야겠는걸요. 주위 사람들에게 많이 알려야겠어요. 감사합니다, 정말.

암보험 부활 후 암진단금은?

나 　실손보험은 제2의 국민건강보험이라고 알려져 있어서 가입률이 어마어마하죠. 그 다음 가입해야 할 보험은 암보험이라고들 하구요. 암보험 하나 없는 분은 요즘 준비 안 된 분이라고도 하죠. 암은 다들 아시는 것처럼 병원비가 한두푼 들어가는 것도 아니고요. 암진단이 되면 보통 항암방사선치료를 받게 됩니다. 이때 들어가는 비용이 비급여인 경우가 많아서 이 또한 감당하기 버거워 치료를 중도에 포기하는 분들도 많다고 하네요.

고객 　네, 요즘 암 걸린 분들이 주위에 너무 많아요. 그래서 더 두려워지는 병인 거 같아요. 병원비도 두렵고 치료도 두렵구요.

나 　암보험은 '90일을 기다려야 보장을 받을 수 있다'는 말이 있는데 요즘 웬만한 고객들도 다 알고 계시죠. 그런데 보험을 부활 시에도 다시 90일을 기다려야 하는지, 또 갱신 시에도 90일을 기다려야 하는지 헷갈리실 거예요.

제 친구가 얼마 전 보험계약이 실효된 걸 알았고 담당설계사를 통해 계약을 부활했대요. 이후 한 달이 지나 간암 진단을 받고 보험금을 청구했는데 보험사에서 지급을 거절했어요.

고객 네? 당연히 보험금이 나와야 하는 거 아닌가요? 실효가 됐었지만 보험계약을 다시 살렸잖아요.

나 이런 경우는 암진단 보험금이 지급되지 않습니다. 먼저 계약의 갱신과 부활의 차이를 아셔야 하는데요. 갱신계약은 말 그대로 보장에 대한 부분이 처음 계약 시 그대로 이어지는 거구요. 부활은 계약에 대한 보장이 끝났다가 다시 새로운 계약을 하는 것과 다름이 없어요. 따라서 갱신 시에는 암에 대한 90일 면책기간이 적용되지 않지만 부활 시에는 암의 면책기간이 적용됩니다. 그리고 소액암의 경우는 첫날부터 보장이 가능하지만 일반암의 경우는 다시 90일을 기다리셔야 보장받을 수 있습니다.

고객 이럴 수가요! 그럼 보험계약이 실효 안 되게 정말 관리 잘 해야겠네요. 전 팀장님이 항상 보험료 안 나가면 알려주시니 정말 다행입니다. 감사합니다!

알면 돈 되는 보험금 마케팅

001

우울증도 보험금
나온다구요?

나   고객님, 잘 지내셨어요? 요즘 날씨가 정말 덥죠?

뭐 꼭 날씨 탓은 아니지만 주변에 은근히 우울증이나 공황장애 진단 받은 분들이 많더라구요. 최근에 제 지인의 남편이 갑자기 이상반응을 보여 병원을 찾았는데 우울증 진단을 받았지 뭐예요. 현재 약물치료 중에 있다고 하네요. 정신과를 찾는 사람들 대부분이 병원비에 대한 걱정이 많다고 하더군요. 심할 때는 입원비도 걱정해야 하니 머뭇거리게 된다고요. 사실 현대인들은 우울증이나 정신질환을 가진 사람들이 점점 더 늘어나고 있는 실정인데 우리나라의 경우 정신과를 찾는 것에 대해서 외국에 비해 오픈 마인드는 아니라 더더욱 병원을 찾기가 쉬운 문화는 아니죠.

고객   맞아요. 요즘에 정신과 치료 받는 사람들 정말 많아졌어요. 저희 회사 차장님도 얼마 전 스트레스가 심해서 응급실 갔다가 공황장해 진단을 받고 지금 몇 달째 약드시고 계세요.

나 아, 그러시군요. 제 고객 중 한 분도 회사일로 스트레스가 많고 잠도 못자고 삶의 의욕까지 없어져 심한 무기력증에 빠졌대요. 주위 권유로 회사 근처 신경정신과에 갔는데 우울증 진단을 받았어요. 우울증은 실손의료비보험에서 보상이 안 된다고 알고 계셨더라구요.

고객 어? 정신질환은 보험금 못 받는 거 아니에요? 보험을 좀 아는 사람들도 정신질환으로 병원 가서 쓴 돈은 의료보험도 안 되고 실비도 안 된다고 알고 있어요. 그런 이유로도 쉽게 병원을 못 가던데요.

나 사실 보험 상품 중에 정신질환 전용 상품은 없어요. 어린이보험의 경우 주의력결핍장애라고 하는 ADHD 들어보셨죠? 이것과 틱장애는 보장이 되지만, 실손보험에서는 치매를 제외한 정신과 치료비는 보상이 되지 않아요. 정신질환의 경우는 발병 시점이 불명확하고 증상의 판단유무도 어려워 보장에서 제외가 되는데요. 고객님 말씀처럼 원래 실손의료비의 보상하지 않는 사항에 정신과 질환 및 행동장애(F04~F99)는 보상이 되지 않아요. 다만,

질병분류코드상 F04~F09, F20~F29, F30~F39, F40~F48, F90~F98 관련한 치료에서 발생한 국민건강보험법상 요양 급여에 해당하는 의료비는 보상을 해줘요.

고객 아, 그럼 저 코드로 진단서 받는 경우는 실손의료비보험에서 병원비를 받을 수 있다는 거네요?

나 네, 맞아요. 해마다 실손의료비보험은 조금씩 개정이 이뤄지고 있는데 2016년 1월 1일에도 달라진 내용들이 많았어요. 최근 현대인들이 정신과 진료가 많아졌어요. 연예인들도 심각한 스트레스나 여러 가지 불안장애 등으로 치료받고 있다는 사실이 알려지면서 더 이상 정신과 치료가 감추거나 부끄러운 치료가 아닌 자연스러운 질병 중 하나로 인식되기 시작했어요. 특히 유명 연예인들의 공황장애 진단이 이슈가 많이 됐었죠.

연예인들은 직업적인 특성상 사실 안정적이지 않다 보니, 선망의 직업이긴 하지만 막상 연예인으로 데뷔했는데 오랜 기간 동안 무명생활을 견뎌야 하기도 하고 사람마다 다르잖아요. 또 막상 유명해졌지만 이후 여론에 휩쓸리는 안 좋은 기사들도 감당해야 하고 사생활 오픈도 감당해야 하니 스트레스가 이만저만이 아니겠죠.

고객 연예인들은 대단한 정신력이 아니면 정말 살아남기 힘들

것 같아요. 사실 티비에서 정신질환으로 진단되는 연예인들 보면서 얼마나 힘들면 저렇게 병에 걸릴까 라는 생각이 들더라구요. 사실 저도 얼마 전에 회사에서 문제가 생겨서 정신과 한 번 가볼까 하다가 기본적으로 정신과는 돈도 많이 들고 약 먹는 것도 그렇고 해서 안 가고 꾹 참고 있었는데 요즘에 잠을 못 잘 만큼 스트레스가 많아요. 그런데 실비에서 된다고 하니 한번 용기내서 가봐야 할 듯싶어요.

나   네, 고객님. 꼭 다녀오세요. 다른 질병도 마찬가지지만 정신과 치료도 빨리 받지 않으면 병을 더 키울 수 있으니 증상이 있을 때 가까운 병원에 가서서 치료를 받으서야 합니다. 병원에 내원하여 말씀드린 질병코드로 진단을 받고 치료제를 처방받았다면 보상이 되니까 혹시라도 병원에 가야 한다면 참지 마시고 다녀오세요.

고객   아, 그래야겠네요. 팀장님 못 뵈었으면 병원 갈까 말까 고민만 하다가 병을 더 키웠을 수도 있었겠어요. 정말 감사합니다. 병원 다녀와서 병원비 청구하게 되면 도와주세요.

002

한도만큼 다 나오나요?

고객   요즘 제 주위에 아픈 사람들이 왜 이렇게 많아졌는지 모르겠어요. 나이가 들어서 그런지 참 여러 곳에서 질병 이벤트가 벌어지네요.

나   정말 그런 것 같아요. 그나마 작은 질병이나 사고는 괜찮지만 큰 병에 돈 없으면 치료도 제대로 못 받고 덧없이 인생 마감하는 거죠. 그런데 부장님은 일단 실손의료보험에 가입하셨으니까 기본적인 건 마련해두신 거라서 천만다행이에요.

고객   다 팀장님 덕분입니다. 지난번에 입원했을 때도 사실 생각하지 못했던 병원비가 거의 다 나와서 다행이었답니다. 그런데 팀장님, 저 지난번에 신우신염으로 입원했잖아요. 이것도 자주 재발한다고 하던데, 입원할 때마다 병원비가 나오나요? 보험증권에 찍힌 5천만원 한도까지요?

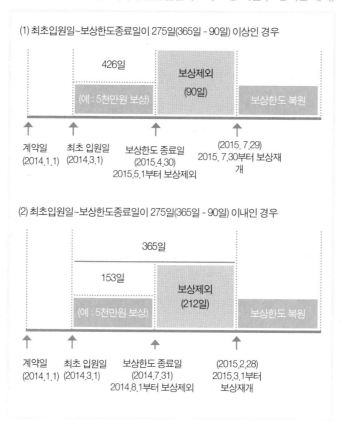

네, 지난번에 설명드렸듯이 5천만원 한도까지 다 나옵니다. 입원에 대한 보상기준은 통상 최초입원일로부터 5천만원 한도까지 보상 후 보상한도종료일로부터 90일이 경

과한 날부터 최초 입원한 것과 동일한 기준으로 다시 보상하는데요. 현행 실손의료비보험 약관의 질병입원의료비 지급기준입니다. 다만, 앞의 도표에서처럼 최초입원일로부터 275일 이내에 보상한도종료일이 있는 경우에는 최초입원일로부터 365일이 경과되는 날부터 최초입원한 것과 동일한 기준으로 다시 보상을 해요.

짧게 입원하는 경우에는 5천만원 한도가 크게 와 닿지 않겠지만, 긴 투병기간과 막대한 치료비를 요하는 중대질병에는 이 5천만원이라는 한도금액이 절대적으로 와 닿는 부분이고 필요한 부분이 됩니다.

고객 아, 다행이네요. 이런 걸 왜 이제 알았나 몰라요. 주위에도 얼른 실손의료비보험부터 가입하라고 알려야겠어요.

003

건강검진 비용도
보험금 받는다?

나　불과 몇 년 전에 비해 요즘은 건강검진을 받는 기회가 굉장히 많아졌어요. 직장에 다니시는 분들은 사내 건강검진을 받아야 하고 해당 해에 검진을 받지 않으면 벌금을 물기도 하더라구요. 고객님 회사도 그런가요?

고객　네, 저희 회사도 벌금 물어요.

나　국민건강보험공단에서 생애 암검진을 통해서 암의 조기 발견율도 높아지고 있다는데 이런 제도가 있어서 빨리 아픈 곳을 발견하게 되면 정말 좋겠지만 막상 검진을 받으려면 덜컥 겁이 나죠. 저도 지금 검진을 최대한 미루고 있는데요. 어쨌든 의무이니 하루 빨리 받아야겠죠.

고객　저도 건강검진 받으라고 나오면 그중 대장내시경 하는 게 그렇게 곤욕스럽더라구요. 근데 치과도 안 가고 버티다가 가면 나중에 돈이 더 많이 드는 것처럼 똑같은 거 같아요. 빨리 해야죠. 남들한테는 빨리 받으라고 하면서 정작 저는 그러고 싶지 않은 마음이네요.

그런데 팀장님, 건강검진은 보험금이 안 나오는 거 아니에요? 저희 부서 차장님은 얼마 전에 직장 내 건강검진으로 검사를 받은 후에 의사가 갑상선 검사를 권유해서 초음파 검사를 했는데 갑상선 결절 진단을 받았대요. 건강검진은 실손의료비에서 보상이 안 되는 거니까 실비보험에서 보험금 안 나오는 거 맞죠?

나 아, 고객님 정확히 아시네요. 건강검진으로 쓴 의료비용은 실손의료보험에서 안 나오는 게 맞아요. 실손의료보험 표준약관을 보면 '건강검진은 보상하지 않는다' 라고 되어 있어요. 그런데 검진결과 이상이 있어서 추가적으로 검사를 받거나 치료를 받은 것은 보험금을 받을 수 있답니다.

고객 그래요? 그럼, 저도 청구할 게 많은데요?

나 여기 한번 봐주세요. 실손의료비보험 약관 보상하지 않는 사항 3번의 4에 보면 '검사결과 이상 소견에 따라 건강검진센터 등에서 발생한 추가 의료비용은 보상합니다'라는 내용이 명시되어 있죠.

고객 정말 그렇네요. 약관을 사실 잘 살펴보질 않았어요. 어렵기도 하고 귀찮기도 해서 잘 안 봤어요.

나 단순 건강검진은 실손의료비의 치료 목적에 반하는 내용으로 보상에서 제외가 되지만 검진 후 이상이 있어 추가적 의료비가 발생했다면 모두 보상받을 수 있다는 말이거든요.

제 지인의 경우도 건강검진을 통해 암을 발견했고 다행히 초기여서 이후 빠른 치료를 받았는데 실손의료비가 있어서 치료를 원활히 받을 수 있었어요. 사실 고객님들은 스스로 알아서 보험금을 청구하는 경우가 거의 없다고 볼 수 있죠. 저같이 옆에서 챙겨드리지 않으면 모르고 넘어가요. 아니, 보험금 받으려고 가입했는데 당연히 권리를 챙기셔야죠. 제가 열심히 도와드리겠습니다!

실손의료비 약관 보상하지 않는 사항

(출처: A보험사)

4. 건강검진(단, 검사결과 이상 소견에 따라 건강검진센터 등에서 발생한 추가의료비용은 보상합니다), 예방접종, 인공유산에 든 비용. 다만, 회사가 보상하는 질병 치료를 목적으로 하는 경우는 보상합니다.

심적회계를 활용하라

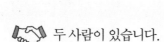 두 사람이 있습니다.

어느 날, 집앞 골목길에서 종이조각이 나뒹구는 것을 봅니다.

설마하고 살폈더니 10만원짜리 수표네요!

한 사람은 땡잡았다! 라고 생각합니다.

다른 한 사람은 직장을 다니며 열심히 전공 분야의 칼럼을 매월 월간지에 연재 중입니다. 그걸로 보험료를 내고 있는데, 오늘 그 돈이 통장에 들어오는 날입니다.

두 가지 형태로 큰 돈을 얻은 사람 중 어떤 사람의 돈이 더 소중할까요?

가끔 뉴스에서 보면 돈을 훔친 도둑은 그 돈을 흥청망청 유흥비로 다 써버리고 로또에 당첨된 사람은 집사고 차사고 갑자기 불어난 재산을 주체하지 못하고 놀고먹고 하다가 패가망신한 경우를 봅니다.

심적회계, 즉 돈이 어떻게 들어왔느냐에 우리는 마음속으로 돈의 가치를 다르게 생각한다고 합니다. 그래서 쉽게 번 돈은 쉽게 쓰고 어렵게 번 돈은 어렵게 쓰게 되는 것이지요. 쉽게 번 돈은 쉽게 써도 돈의 가치가 크게 와닿지 않습니다. 반면 어렵게 번 돈은 이미 우리의 뇌가 그 돈은 아깝다고 무의식적으로 인식하게 되고 노동을 통해 얻은 돈이라 쉽게 쓸 수가 없게 되는 것입니다.

고객님이 어렵게 번 돈으로 매달 보험료를 내고 계시고 그 보험이 나중에 어려울 때 큰 보상으로 다가올 것이라는 말을 언급해주세요. 내가 내는 이 돈이 결코 헛되지 않다는 것을 알게 되면 보험을 가볍게 여기지 않을 것이고 보험에 대한 인식도 달라질 겁니다. 결국 고객은 자신의 돈을 소중히 다룰 줄 아는 영업인에게 더 신뢰를 갖게 될 것입니다.

004

보험사고 난 지 오래됐는데 청구될까요?

나   보험에 가입해놓고도 어떤 경우에 보장되는지 모르는 고객들이 많으세요. 어쩌면 설계사가 설명을 제대도 못해서일 수도 있고요. 사실 대부분의 고객님들이 가입 당시에는 알겠다고 하셨는데 세월이 지나 잊으시기 때문인데요. 그래서 실제 병원에 다녀오고도 몰라서 청구하지 못하는 경우가 꽤 많습니다.

고객   맞아요. 설명을 듣긴 했는데 기억이 잘 안 나고, 보험을 가입했었나 잊고 살죠, 다들. 어제 일도 기억 못할 때가 많은 걸요.

나   2015년부터 보험사고 후 보험금 청구 소멸시효가 3년으로 연장되었어요. 댁에 가지고 있는 영수증이 있다면 청구하시고 실제 치료를 받았는데 만약 영수증이 없는 경우는 병원이나 약국에서 영수증 재발행을 신청하시면 무료로 발급받을 수 있으니 챙기도록 하세요. 실손의료비는 병원 내원일 기준으로 3년이 지났는지 보면 되고, 진단비 보험금 청구는 진단일 기준으로 보시면 됩니다.

고객 저도 찾아보면 자잘한 병원영수증이 꽤 있을 것 같은데 모아서 청구해야겠어요.

나 예를 들어 암진단비 보험이 있다면 암진단 기준일로부터 3년이 지났는지 안 지났는지 따져보시면 돼요.

고객 아하! 암은 병원 처음 간 날이 아니고 진단일이군요. 모르는 사람은 이것도 간 날부터 계산할 것 같은데요. 아마 다들 저처럼 모를 거예요.

나 맞습니다. 그래서 저와 같은 설계사들이 필요한 거죠. 제가 도와드릴게요. 제 고객 중 한 분은 몇 달 동안 손가락 저림 증상으로 동네병원부터 3차병원까지 통원치료를 받았는데요. 보험금 청구를 하려고 영수증을 챙기다 보니 과거 3년 전 충수염 수술한 영수증을 발견하게 된 거예요. 그래서 이분이 저에게 전화를 하셨어요. 몇 년 전 영수증인데 다 같이 보험금을 청구해도 되는지 물어보시려구요.

고객 청구가 되나요?

나 당연히 청구하셔도 되죠. 실손의료비보험은 발병이 시작되어 처음 병원에서 쓴 의료비 영수증에 찍힌 날짜를 기준으로 3년이 경과하지 않았다면 보험금을 청구하여 받을 수 있답니다. 그동안 보험금 청구 소멸시효는 2년 이었다가 2015년부터 3년으로 바뀌었어요. 그리고 추가 적으로 소급적용되기 때문에 보험금 청구는 사고일로부 터 3년 이내에 하면 보상을 받을 수 있어요.

후유장해 진단 청구하시는 분들 요즘 많죠. 후유장해는 후유장해 진단서상에 진단일 기준으로 3년을 보시면 되 시는데요. 요즘 나이가 지긋하신 분들 중에 무릎이나 관 절부위에 인공관절 치환술하시는 분들 많죠? 이렇게 인 공관절 치환술을 받은 경우에도 후유장해 진단을 받을 수 있어요.

고객 어머, 인공관절수술도 돼요? 저희 어머님이 몇 달 전 받 았는데 이런거 처음 알았네요.

나 또 난소암, 위암으로 장기를 절제하신 분들도 질병후유 장해 진단을 받을 수 있습니다. 난소암의 경우 난소를 절 제한 경우에는 질병후유장해 진단비 특약에서 지급률 50%에 해당이 되기 때문에 보험금을 추가로 받으실 수 있습니다. 또 위암으로 위의 일부나 전체를 절제한 경우 에도 절제한 크기에 따라서 후유장해보험금을 추가로 받으실 수 있습니다.

고객 아, 위암도 그렇군요. 제 주위에 위암진단 받으신 분들이 몇 분 있는데 알려드려야겠네요.

나 네. 가입한 보험에 해당되는지 살펴보고 청구하시라고 알려주세요. 사실, 안 아프면 제일 좋겠지만, 예기치 않은 질병이나 사고로 인해 치료를 받은 경우에 실손으로 치료비는 일부 해결을 하시구요. 이런 중대한 진단을 받은 경우에 직장생활을 못해서 경제적인 부분을 감당하지 못하시는 분들은 후유장해 진단도 해당이 되는지 한번 알아보셔야 합니다. 그런 혜택 받으려고 보험에 가입하는 거니까요.

고객 덕분에 중요한걸 알았네요, 팀장님. 감사합니다!

보험금도 받고
보험료도 안 낸다

나   암, 뇌질환, 심장질환은 사실 남 얘기 같죠? 옆집의 누구
는 얼마 전 암진단을 받았고, 지인 중 한 명은 고혈압으
로 약을 먹고 있는데 얼마 전 뇌출혈진단을 받아서 병원
에 입원했고… 이런 얘기를 들으면 살짝 불안은 하지만
나는 건강하니 절대 그럴 일은 없을 거라며 자신하잖아
요. 하지만 사람일은 아무도 모르는 거 같아요.

고객   네, 맞아요. 나는 절대 안 걸릴 거라는 느낌? 하지만 팀장
님 말씀처럼 '안 걸리길 바라는 간절한 바람'일 뿐이죠.

나   이런 중대질병에 걸렸을 때 가입한 보험이 있어서 진단
비를 받을 수 있다면 정말 큰 도움이 될 겁니다. 그런데
진단비도 받고 앞으로 내야 할 보험료도 면제가 되어 내
가 내지 않고도 보험을 유지할 수 있다면 최고겠죠. 이런
'꿩먹고 알먹고' 보험이 있다면 누구나 가입하시겠죠?

고객 그럼요. 당장 가입하죠. 그런 보험이 있어요? 참, 그러고 보니까 저 아는 분이 위암 수술 받았는데 담당설계사님이 앞으로 쭉 보험료를 내지 않아도 된다고 했대요. 정말 그 말이 맞는 거예요?

나 네, 납입면제가 될 수 있어요. 가입한 보험에 따라 다른데요. 우리가 가입한 상품에 보면 납입면제 기능이나 특약이라는 것이 있어요. 가장 흔하게 암진단을 받게 되면 이후 보험료의 납입을 면제를 해주는 상품이 있는데요. 우리나라에서 판매되고 있는 종신보험은 대부분 상해나 질병으로 후유장해 50% 시 납입면제 해주는 기능이 있어요. 종신보험은 전통적으로 사망보험금을 주는 보험이지만 만약 가장이 불의의 사고나 큰병으로 진단된다면 보험료를 더 이상 내기 어려워지니 이런 기능을 넣은 거구요. 추가로 암, 뇌출혈, 급성심근경색증 또는 각종 CI질병 발생 시에 납입면제를 해주기도 합니다. 다만 일부는 보험료를 내고 납입면제를 특약으로 가입해야 하고요.

고객 아, 정말 그런 보험이 있네요. 그럼 지난번에 가입한 제 암보험도 그런 기능이 있나요?

나 네. 당연히 있지요. 납입면제 기능을 활용하면 보험료를 내지 않고 보험납입 기간까지 보험료를 면제받게 되므로 경제적 부담을 덜 수 있다는 게 가장 큰 장점이구요. 매월 내야 하는 보험료를 아끼는 것이니 이 또한 보험금을 받는 것이나 다름이 없다고 보시면 되요.

대표적으로 종신보험에는 하나의 질병이나 사고로 후유장해가 50% 이상 되는 경우, CI 보험이나 건강보험의 경우 중대 질병(CI)이 발생한 경우, 보통 CI보험에서는 암 진단, 중대한 뇌졸중 진단, 중대한 급성심근경색증 진단, 5대장기이식수술, 말기 폐질환, 말기 간질환, 말기 신부전, 중대한 화상 부식 등으로 진단받은 경우에 보험료 납입을 면제해줍니다.

고객님께서 가입하신 일반 암보험이나 건강보험에서 암으로 진단된 경우에도 납입면제를 받을 수 있습니다. 의학기술의 발달로 큰 질병에 걸려도 생존기간이 길어지고 큰 사고에도 각종 보조의학기구들이 개발되면서 장해를 극복할 수 있는 길이 많아졌죠. 그래서 납입면제 기능을 활용할 일은 앞으로 더 많아질 거예요. 납입면제에 해당하는 진단을 받고 보험금만 받지 말고 꼭 챙기셔야 해요. 담당자도 누락하여 매월 보험료를 그대로 내고 있을지 모를 일이잖아요.

고객 아! 이런 좋은 기능을 이제야 알게 되네요. 너무 와닿아요. 가입할 때 분명 설명을 듣기는 했을 텐데, 기억도 안 나고. 사실 큰 질병에 걸리면 이런 거 생각할 겨를도 없을 거예요. 팀장님처럼 좋은 설계사분이 옆에 계셔야 가능할 거 같아요.

나 병원비가 많이 들어가는 중대질병으로 진단받고 수술하고 입원했다면 어떤 고객도 가지고 있는 보험에 보험료를 계속 내려고 하지 않을 겁니다. 당장 병원비 걱정에 보험료 낼 여력이 없기 때문이죠. 오히려 해지를 해서 해지환급금을 받으려고 하겠죠. 하지만 보험료 납입면제 기능이 있다면 다른 보장들도 추가로 받을 수 있기 때문에 해지하지는 않을 겁니다.

고객 그야 당연하지요. 이런 거 모르고 해지한 사람들이 제 주위에도 꽤 있을 듯 싶네요.

나 납입면제 기능에 대해 의외로 모르는 고객들이 많아요. 많은 병원비에 허덕이다가 자신의 보험이 실효가 된 지도 모르고 있는 경우도 많은데요.

생명보험과 손해보험, 또 상품마다 납입면제 조건이 다를 수 있으니 가입한 약관을 반드시 확인하고 납입면제 혜택을 확인할 필요가 있어요. 적극적으로 찾아서 혜택을 누리셔야겠죠?

무의식과 의식의 중간지대 활용법

인간의 의식은 빙산의 일각으로 수면위로 올라온 작은 부분일 뿐, 실제로 우리 인간은 무의식이 지배한다고 합니다. 무의식은 의식에 비해서 그 내용이 정확하게 파악되기 힘들고, 인간이 인식하지 못하지만 실제로 원하거나 추구하는 내용을 담고 있기 때문에 우리의 모든 부분을 지배한다고 하죠.

전의식은 과거에 인식되었던 기억이나 경험들 중에서 현재에는 잘 의식되지 않지만 조금만 집중하고 노력하면 곧 떠올릴 수 있는 내용들을 포함합니다. 이는 의식과 무의식 사이에 존재하는 일종의 완충 지대로서, 무의식이 의식으로 보내려는 내용들을 포장하는 역할을 합니다. 다시 말해 무의식에서 정비되지 않은 욕망들이 의식으로 곧바로 보내지면 혼란이 생기고, 인간의 행동이 비정상적으로 나타날 가능성이 높기 때문에 전의식이 그 사이에서 중재역할을 하는 거죠.

예를 들어, 우리는 고객들에게 많은 질병과 사고 사례들을 얘기합니다. 그러나 고객은 당시에는 그냥 흘려들었다가 어느 시점, 즉 주위에 암에 걸린 친구가 생긴다거나 하면 갑자기 영업인들이 했던 말들이 떠오르는 겁니다.

그래서 그냥 대충 들었다가도 나중에 아, 맞다 그랬었지? 그 암보험 없어진다고 했었지? 암보험 좋다고 했었어, 맞아! 라고 전의식으로 끌어옵니다.

따라서 우리는 고객이 지금 당장 반응하지 않아도 끊임없이 전의식을 건드려줘야 하고 의식으로 끌고 오게 만들어야 합니다. 끊임없는 터치가 그래서 중요하답니다.

CHAPTER 3

암보험
마케팅

001

암진단을 받았는데
보험가입이 되나요

고객 팀장님, 여쭤볼 게 있어요!

얼마 전에 저희 직장동료가 암에 걸려도 암보험 가입할 수 있다고 하던데 정말 그런가요? 제가 알기론 암 걸리면 다시는 보험가입을 못한다고 들었는데요.

나 선우 씨, 원래 6~7년 전만 해도 암진단을 받으면 보험을 가입하기가 거의 불가능했는데요. 그래서 다들 보험 가입 자체를 포기했죠. 그런데 최근 암진단을 받은 환자들이 늘어나면서 보험회사에서도 유병자들을 위한 보험상품을 속속 출시하고 있답니다.

고객 그래요? 그럼 어떤 암에 걸려도 다 가입할 수 있나요? 저뿐만 아니라 제 주변 사람들은 다들 암 걸리면 보험 가입을 못한다고 알고 있었거든요.

나 물론 암에 걸리지 않은 분들이 가입하는 상품과는 조금 달라요. 일단 암에 한 번 걸리면 다른 암에 걸릴 확률이 일반인에 비해 40%가 높기 때문에 보험회사는 위험률, 즉 보험금이 지급될 확률이 일반인에 비해 상당히 높다고 보겠죠. 그래서 암환자를 위한 상품이 별도로 있거나 병을 앓고 있는 유병자를 위한 상품을 출시한 거예요. 두 번 받는 암보험, 간편심사보험 등이 그런 상품이라고 보시면 됩니다.

고객 아… 그럼 가입하는 조건이 따로 있나요?

나 우선 갑상선암이나 상피내암, 경계성 종양 등은 진단 후 일정기간이 지나면 일반고객처럼 가입이 가능한 상품도 있으니 그 상품의 인수조건을 먼저 알아보셔야 하구요. 나머지 일반암으로 분류가 되는 위암이나 대장암 등을 진단받은 고객은 진단 후 1~5년 경과 후 암보험에 가입할 수 있는 상품이 있어요. 흔히 암 2기, 3기라고 하는 암의 병기에 따라 인수의 조건도 달라집니다. 따라서 가입시 암진단을 받았을 때의 조직검사 결과지나 소견서, 의무기록사본 등이 요청되죠.

저희 아버지가 작년 추석 전에 폐암 진단을 받았는데 다행히 1기였어요. 수술 받고 다음날 대뜸 제게 암보험 하나 더 가입할 수 있냐고 하시는 거예요. 제가 좀 당황해서, "아버지, 암 걸린 사람 바로 보험가입 받아주는 데가 어딨어요?"라고 말씀드렸더니 "이럴 줄 알았으면 암보험 더 들어두는 건데…"라고 하시더라구요. 암보험이 2개가 있는데, 다시 암에 걸릴 확률이 높다는 얘기를 들으니 퇴원하고 바로 하나 더 가입해야겠다는 생각을 하신 거예요, 글쎄. 암보험은 암에 걸린 분들이 더 많이 찾게 되죠. 그래서 보험회사에서도 암진단 받은 사람들을 위해 인수기준을 따로 만든 거구요.

고객　맞아요. 한 번 암에 걸린 분들은 더 뼈저리게 느끼고 더 많이 보험을 필요로 하니까요.

나　암환자 전용상품이 아니어도 간편심사로 가입할 수 있는 상품도 있어요. 예를 들어 3.2.5의 기준(3개월 이내 입원, 수술, 추가검사 필요 소견 / 2년 이내 입원 및 수술 / 5년 이내 암으로 진단, 입원, 수술)에만 해당되지 않는다면 가입을 시켜주는 건데요. 고령자, 유병자들을 대상으로 복잡한 계약 심사 과정(알릴 의무)을 간소화한 보험을 '간편심사' 보험이라 해요. 고혈압이나 당뇨 등 만성 질환자들이 보장성 보험에 가입하려면 일단 서류제출이 필수인데요. 그러나 간편심사보험은 서류제출이 없고, 건강검진을 받지 않고도 가입이 가능합니다. 주로 3대질병

진단비를 보장하고 사망, 수술비, 입원비 등을 보장받을 수 있어요. 일반 건강보험처럼 실손의료비부터 여러 가지 특약을 넣을 수 있는 구조가 아닌 특정질병에 포커스를 둔 상품이라 보장금액의 크기는 작을 수 있어요. 회사마다 다르지만 진단비는 보통 1000~4000만원까지 보장받을 수 있고, 입원비는 1~3만원정도 보장이 되구요. 계약의 형태는 보통 갱신형이고 최대 100세까지 보장됩니다. 한 번 암에 걸린 분들은 결국 치료비가 얼마나 드는지를 뼈저리게 느끼게 되고 그래서 저희 아버지처럼 보

암환자 5년간 상대생존율

(자료: 2010~2014년 보건복지부)

※ 갑상선암의 생존율이 100%가 넘는 것은 동일한 나이와 성별의 일반 인구와 비교했을 때 갑상선암 환자가 더 많이 생존한다는 의미이다.

험 하나 더 들 수 없는지 문의를 많이 하시죠. 선우 씨, 이 거 한번 보세요. 암환자에 대한 통계자료인데요.

암 발생 시 가장 부담이 되는 점은 무엇인가 조사했는데, 간병이 1.6%, 직업 상실, 경제력 저하가 4.5%, 죽음에 대한 두려움이 12.2%, 치료비에 대한 두려움이 무려 67.5% 나 차지했네요. 결국 치료비가 암치료의 관건이 될 수밖에 없다는 뜻이기도 합니다. 더군다나 요즘은 의학기술이 좋아져서 암에 걸려도 생존율이 높아졌으니 그만큼 치료비용도 늘어난다는 말이죠.

고객 맞아요. 주위에 암 환자들 보면 조기발견한 건 다행인데 병원비가 정말 많이 들더라구요. 또 면역치료, 재활치료도 받는다고 하던데 그 비용도 만만치 않던데요. 어디에서는 효소가 암에 좋다고 소문나면서 효소가 불티나게 팔린대요. 엄청 비싸더라구요.

맞다, 저는 암보험에서 진단비가 2천인가밖에 안 되던데 한번 확인 좀 해주세요, 팀장님~.

모든 암환자 5년간 상대생존율

(2015년 보건복지부)

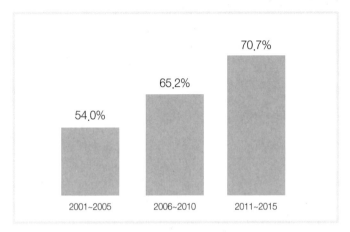

54.0%   65.2%   70.7%

2001~2005   2006~2010   2011~2015

암 발생 시 환자와 가족에게 부담되는 점

(자료: 통계청, 2013)

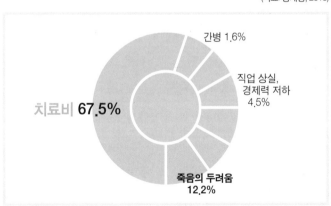

간병 1.6%

직업 상실,
경제력 저하
4.5%

치료비 67.5%

죽음의 두려움
12.2%

그래서, 고객이 듣고 싶은 말은?

리웨이원이 쓴 《하버드 말하기 수업》을 보면 이런 일화가 나온답니다.

어느 영업인이 한 회사의 구매담당자를 방문했다.

"안녕하세요, 천 부장님. 저희 회사 제품을 한번 봐주시겠어요? 대단히 친환경적이고 에너지 절약형 상품이라…"

영업사원이 언제 끝날지도 모르는 말을 주저리주저리 늘어놓자 천 부장은 부하직원을 시켜 영업사원을 내쫓았다. 하지만 영업사원은 단념하지 않고 주변사람에게 조언을 구해 보름 만에 다시 그를 찾아갔다.

"부장님, 안녕하세요? 연간 제조비를 2,000만원씩 아끼고 싶지 않으세요? 제가 도움을 드릴 수 있습니다."

"그래요? 어디 말이나 한번 들어봅시다."

상대방이 영업인의 말을 듣고 싶어 하면 계약의 반은 성사된 것이나 마찬가지입니다. 처음과 달리 천 부장이 관심을 가진

이유는 바로 천 부장이 듣고 싶어 하는 '급소'를 찔렀기 때문
이죠.

중국 속담에 "사람을 보거든 사람 말을 하고, 귀신을 보거든 귀
신 말을 하라"는 말이 있어요. 사람은 저마다 살아온 방식과
경험이 다르기 때문에 자신만의 소통방식이 있습니다. 따라서
상대방의 생각과 방식으로 소통한다면 상대방을 설득할 확률
이 높아지죠. 고객을 만나 그런 스타일을 세심하게 파악하고
고객마다 다른, 고객이 듣고 싶어 하고 알고 싶어 하는 대화로
시작한다면 분명 반응이 뒤따를 겁니다. 화법 1.2.3을 만들어
놓고 연습하는 노력이 필요합니다.

로마가 하루아침에 이루어지지 않았듯 꾸준한 연습을 해야 목
적을 실현할 수 있습니다.

002

암진단금이 필요한가요

고객 팀장님, 요즘 암보험 어떤가요? 암보험 가입하는 사람들이 많을 것 같아요. 이제는 지인들 만나면 암 얘기를 많이 하게 되네요.

나 연정 씨, 암보험은 스테디셀러라고 보시면 돼요. 고객들이 알아서 많이 찾는 보험 중 하나죠. 그런데 최근 들어 암 발병률이 높아지면서 가입률이 더 높아지고 있어요. 영업을 오래하다 보니 10년 전, 5년 전과는 또 다른 그 시대의 병을 따라가는 현상을 보게 되는데요. 주위에 암환자들도 많아지고 특히 가족에게 암환자가 생기니 제 마음도 급해지네요. 저도 암보험이 중요하다고 얘기하지만 이게 실제 겪어보니 정말 경제적인 부분에 부딪칠 수밖에 없더라구요.

고객 저희 회사 과장님도 얼마 전 직장검진에서 대장암 진단을 받고 수술하셨어요. 지금은 항암치료 중인데, 치료비가 정말 만만치 않다고 하시더군요.

나 그 과장님 자녀분들도 있지 않으세요? 아내되시는 분은 일을 하시나요?

고객 아이들은 이제 초등학생이고 사모님은 그동안 전업주부셨죠. 그런데 이번에 과장님이 그리 되시면서, 식당에서 서빙 일을 하고 계세요. 그래서 마음이 좀 안 좋아요.

나 맞아요. 치료비가 꽤 되니까 대비해놓지 않으신 분들은 적금깨고 대출받고 갑자기 아내들이 일터로 나가고… 그렇게 되죠. 그게 현실이 될 수밖에 없어요. 그나마 나라에서 훌륭한 복지제도 도입으로 치료비 중 국민건강보험에서 급여 부분의 95%는 감면을 해주고 있어서 환자는 5%만 부담하면 되니 다행이죠. 그런데 중요한 것은 항암방사선과 같은 비급여 치료는 전부 본인부담으로 전액 치료비를 지불해야 하니 문제예요.

이 항암방사선 비급여 치료에도 부익부빈익빈이 존재한다는 거 아세요? 암보험을 가입해두신 분이나 경제적 여력이 있는 분들은 그래도 부작용이 덜하고 치료기간이 짧고 덜 고통스러운 치료를 받구요. 그렇지 못한 분들은 항암치료를 시작도 못하는 분들이 많다고 해요. 나라에서 해주는 항암방사선치료는 정말 정통치료예요. 옛날부터 전해져 내려오는 치료로, 흔히 머리카락이 빠지는 부작용 등이 많은 암치료요. 그런데 의학기술이 발전하면서 점점 고통도 덜하고 치료기간과 시간이 짧은 치료제나 치료법이 나오고 있어요. 어느 암환자들이나 다들 고통이 덜하고 좀더 좋은 치료를 받고 싶겠죠?

고객 네, 그렇겠네요. 암 걸리면 치료비가 무시무시하다고 하던데, 겪어본 당사자들은 타격이 크겠어요. 그럼 치료비랑 해서 대략 얼마나 필요한가요? 암마다 다르겠지만 보통 보험은 어느 정도 보장으로 가입해요?

나 사실 연정 씨, 암보험은 치료비뿐만 아니라 실직에 대비한 '생활비'를 포함하여 '진단비'를 넉넉히 가입하셔야 가장 좋아요.

제 지인 아버지의 사례인데요. 아버님은 평소 코에 통증이 있었는데 비염이나 축농증이라 생각하고 병원을 가지 않다가 통증이 너무 심해져서 병원을 찾으셨대요. 그런데 비인강암 3기 진단을 받으신 거예요. 보통 암이라면 수술을 해서 제거를 해야 마땅한데, 이 분의 경우 종양이 머리뼈 안쪽에 생겨서 수술 중 사망이나 마비 등의 치명적 위험이 발생할 수 있어 종양절제술이 불가했어요. 그래서 바로 항암약물치료 10회와 방사선 치료 36회 시행을 받고 요양병원에 오랫동안 입원을 하셨대요. 보험은 들어두신 게 전혀 없었고 자녀 넷이 병원비를 나누어서 감당하고 있는 상황이라고 해요.

고객 왜 암보험이 한 개도 없었대요…. 참, 그 아버님도 자식들도 힘드시겠네요.

나 먹고 살기 바빴던 부모님 세대에는 많은 분들이 그런 생각조차 못하셨던 거죠. 보험에 대한 인식도 좋지 않았구요. 항암약물치료비는 여러 형태에 따라 비용이 다른데, 1단계는 공단에서 적용해주는 기본 항암약물치료예요. 즉, 공단적용으로 5%만 본인이 부담하기에 가장 저렴하죠. 2단계 이상은 비급여로 회당 360만원이 넘어요. 그 이상의 병원비가 드는 치료도 있어요. 이 분은 2단계인 회당 360만원 치료를 10회 시행 받았어요. 항암방사선치료도 마찬가지로 36회 시행을 받았고 총 3,600만원이 들었어요. 항암약물방사선치료만으로 병원비가 총 9천만원이 들어간 거죠.

고객 정말 돈이 어마어마하게 들어갔네요. 그걸 다 자녀들이 부담했단 말이죠?

나 네, 그래서 제 직장 동료가 많이 힘들어하더라구요. 이럴 땐 자녀들이 병원비를 같이 분담하니 형제가 많은 게 없는 것보다야 낫겠지만, 거의 1억이 넘게 들어가다 보니 그것도 속수무책으로 빚 끌어다 쓰기 바쁘더라구요.

의학기술이 점차 발전함에 따라 암환자들은 부작용이 덜하고 덜 고통스럽고 치료시간이 더 짧은 치료를 받기를 원하죠. 그런데 문제는 비용이잖아요. 제 동료도 왜 진작 암보험 하나라도 가입하지 않았나… 자기 껀 가입해놓고 부모님 생각은 못한 걸 너무 후회하더라구요.

고객 그렇네요. 어휴, 저희도 당장 부모님 암보험 가입해야겠어요. 결국 자녀들의 몫이네요. 팀장님, 저희 부모님 두 분 다 58년생이신데요. 보험료는 어느 정도 되는지 좀 알아봐주세요.

NLP 이론으로 무장한 커뮤니케이션

'NLP 이론'이란 게 있습니다. 언어학자 리처드 밴들러와 심리학자(컴퓨터연구자) 존 그린더가 만든 것으로, '인간의 뇌 사용설명서'라고도 할 수 있습니다.

인간은 외부에서 정보를 받아들일 때 오감을 사용하는데, 오감을 머릿속에서 분류·정돈해두고 필요할 때 언제든 꺼내 쓸 수 있다는 것입니다. 뇌의 움직임을 컴퓨터와 같은 시스템으로 보고 커뮤니케이션 모델로 사용하는 것이 NLP 이론입니다.

세일즈맨이 스마트하고 풍부한 지식을 가졌다고 해서 다 영업을 잘하는 건 아닙니다. 그 지식을 기본으로 어떻게 판매로 이어지게 하는가의 핵심은 커뮤니케이션이라고 할 수 있습니다. 영업에서 중요한 부분은 상품의 가치를 어떻게 전달하여 성과를 올리는가, 즉 커뮤니케이션 능력에 달려 있는 것이죠.

보험금 지급 사례와 주위의 질병·사고 사례를 구체적으로 분석해서 어떻게 전달할 것인가를 연구해야 합니다. 이때 반드시 사실적인 부분만을 강조하지 말고 오감을 넣어서 표현하세요. 그러면 훨씬 더 잘 기억할 것이며 정보전달도 빠를 겁니다.

암진단 받고
생활비는 준비완료?

나 어느 홈쇼핑 방송의 쇼호스트가 겪은 일인데요.

운전을 하다가 앞차와 시비가 붙었는데 상대편 운전자가

창문을 열고 내뱉은 말이 "암이나 걸려라" 였대요. 암보

험 판매 방송도 많이 했지만 평생 그렇게 심한 욕은 처음

들었다고 하더라구요. 보통은 목잡고 허리잡고 차에서

내리며 "당신이 잘못했네" 하면서 분위기 안 좋은 말들

이 오가잖아요. 그런데 완전 반전이었던 거죠.

고객 정말요? 심각한 얘기인데 죄송해요. 너무 웃겨요.

나 맞아요, 과장님. 웃픈 상황이에요. 세상에서 가장 듣기

싫은 말 중에 하나가 바로! '암' 이잖아요. "남들 다 걸려

도 나는 아니겠지" 하는 질병이 바로 암이구요. 그러나

우리나라 국민이 평균수명까지 살 경우 3명 중 1명이 걸

린다는 질병이 암이죠. 좌석버스 한 줄에 앉아 있는 4명

중 1명 이상은 반드시 암에 걸린다고 보시면 됩니다.

고객 아, 좌석버스 4명 중 1명이 걸린다… 비유가 명확하긴 한데 참 소름돋네요.

나 제가 예전에 직접 보험금 사고 조사를 나갔는데 도와드릴 수 없어서 안타까웠던 사례 하나를 말씀드려볼게요. 마포역 부근에 구두 수선을 하는 50대 아저씨가 계셨는데, 어느 날 이 분이 간암 3기 진단을 받았어요. 투병생활 6개월 후 사망했고 아내가 보험금 청구를 했죠. 구두 수선점에 자주 들르는 설계사를 통해 3년 전 암진단비 1천만원 가입을 한 게 전부였는데, 간동맥 색전술, 항암치료, 방사선 치료 등을 받은 6개월 병원비가 비급여를 포함하여 4천만원이 넘었어요. 암진단비 1천만원으로는 턱없이 부족했죠. 게다가 구두 수선점은 아내가 직원을 두고 운영하고 있었고 남편의 병원비는 고스란히 빚으로 남았어요. 어린 초등학생 두 자녀를 데리고 배우자분이 앞으로 어떻게 살아야 하냐며 많이 우셨어요.

고객 정말 요즘에는 큰병에 걸리면 치료비뿐만 아니라 생활비도 아주 현실적인 심각한 문제군요. 혹시 이런 경우 암보험에서 생활비도 보장해주는 상품이 있나요?

나 그럼요, 과장님. 요즘 이런 문제가 심각해지다 보니 보험사에서도 암진단 후 생활비를 받을 수 있는 보험을 계속 출시하고 있는데요. 이 글 한번 읽어보세요.

암생활비를 준다는 보험?

나필요 씨와 3년 동안 같은 부서에서 일한 동료가 얼마 전 위암3기 진단을 받았다. 그동안 아픈 기색 전혀 없이 건강을 자신하던 동료였기에 필요 씨가 받은 충격은 상당했다. 사실 요즘 주위에 30대인데도 암진단을 받았다는 소식이 들려와 불안해진다. 동료는 유명한 대학병원에 입원하여 수술하고 5일 만에 퇴원 후 항암·방사선 치료 등을 받으며 안정가료 중이다. 암치료 때문에 회사에 휴직계를 냈는데, 필요 씨는 병원비, 생활비 등 동료 걱정이 이만저만이 아니다.

2010년 국가암관리사업단 통계에 따르면, 암치료에 대해 매우 부담을 느낀다는 환자가 76.5%, 치료비 때문에 암치료를 중도 포기하는 환자들은 13.7%나 된다고 한다. 암진단을 받게 되면 직장생활을 중도에 포기하는 경우가 많아 사실 암보험 가입의 주된 목적은 생활비 보전의 기능으로서의 의미도 크다고 할 수 있다.

암생활비가 과연 필요할까?

통계적으로는 아직도 사망원인 중 1위를 암이 차지하고 있지만, 최근의 암은 의학기술의 발전으로 생존율이 점점 높아지고 있다. 건강검진의 권유 및 사내 정기검진으로 암을 조기에 발견하는 경우도 많아지면서 발견시기에 따라 또 얼마나 적절한 치료를 하느냐에 따라 완치 비율도 달라졌다. 문제는 치료기간이 길어진다는 데 있다. 그만큼 치료를 위해서 고액의 비용을 부담해야 한다는 말이기 때문이다.

암진단비 상품을 가입했다면 치료비용은 일부 해결이 가능하다. 그러나 암으로 인해 오랫동안 직장생활을 못하고 실직, 휴직하는 경우가 많아지면서 생활비를 매월 정기적으로 받을 수 있다면 큰 도움이 될 것이다.

암진단비로 치료비 해결 가능하지 않나요?

복지정책의 일환으로 국민건강보험공단에서 암환자들에 대한 치료비 감면을 해주고 있긴 하다. 그러나 대부분의 신기술은 공단에서 지원하는 급여 내용에 포함되지 않고 비급여에 해당하는데 신기술로 치료할 경우 공단 급여만으로는 치료비 해결이 불가능하다. 여전히 비급여에 대한 고액의 치료비는 환자가 부담해야 한다. 특히 치료기간이 길어지면 더더욱 부담이 가중된다. 일반적인 경우 암진단비를 2~3천만원 정도 가입했기 때문에 이 진단비는 대부분 암수술 및 초기 치료비로 쓰이고 이후 정기적으로 나가는 치료비의 보전은 서민들에게는 어려운 부분이다.

암에 따라 생활비가 다르게 지급되나요?

암보험은 보장금액, 보장범위, 보장횟수, 보험기간이 다양하다. 일반적인 암보험은 암에 걸리면 정해진 진단비가 나오는데, 어떤 암이냐에 따라 진단비가 차등 지급된다.

고액암 또는 일부 특정암일 경우는 보험금이 추가로 지급될 수도 있다. 또 발병률이 높은 암이거나 암세포가 상피에만 존재하고 깊이 침투하지 않는 암은 소액암으로 분류가 되어 일반암 진단비보다 보장금액이 작을 수 있다.

최근 발병률이 높아지고 있는 유방암, 남녀생식기암, 대장 점막내암 등도 손해율이 높다 보니 진단비를 축소했다. 일반암 진단비의 10~20%만 지급한다는 것이다. 따라서 암생활비는 일반암 진단시에 지급된다. 소액암으로 분류된 암진단시에는 치료비가 상대적으로 적게 들기 때문이다.

암진단 받으면 생활비도 바로 지급되나요?

모든 암보험이 90일이 지났다고 하여 보장이 개시되는 것은 아니다. 상품마다 암진단 시점에 따라 보험금이 천차만별이다. 가입 후 1년 이내 암진단을 받으면 진단비의 20%, 50% 만 지급하고 1년 또는 2년이 넘어야 100%를 지급하는 상품이 있으니 빠트리지 말고 확인해야 한다.

생활비특약의 지급기준도 이와 같다. 따라서 그 부분도 정확히 챙겨보자. (모든 암보험이 면책기간이 있는 것은 아니다. 어린이 보험은 90일 면책기간이 없다.)

지금 이 순간에도 많은 환자들이 고가의 치료제를 눈앞에 두고 삶을 달리한다. 일단 일반암 진단비를 넉넉히 확보한 후 범위가 넓은 고액, 특정암(위, 간, 폐, 췌장, 뼈, 백혈병 등)에 대한 특약을 추가하는 것이 유리하다. 더불어 경제적 상황을 고려하여 암생활비 특약, 수술비 특약 등의 가입을 고려해보자.

더군다나 암환자 10명 중 8명은 직장을 잃는다. 통계가 보여주듯 암치료를 받는 이들 대부분이 직장생활을 포기하고 치료에 전념해야 하므로, 가장이 암으로 쓰러진 경우에는 생계가 당장 막막해진다. 자녀가 있는 경우는 생활비에 교육비까지 한꺼번에 누수가 생기기 때문에 암진단 후 발생하는 여러 가지 필요비용은 기하급수적으로 늘어날 수밖에 없다.

이런 변화를 업고 최근 각 보험회사에서는 경쟁하듯 암보험 신상품을 출시하고 있다. 진단비를 한 번 받으면 소멸되는 기존의 암보험은 물론 두세 번 이상 지급한다는 암보험도 늘어나고 있다. 설계사들은 진단비가 부족한 고객들에게 업셀링으로 진단비를 충분하게 보장받을 수 있도록 도와야 한다. 덧붙여 암환자들이 두려워하는 무서운 재발, 전이, 원발암에 대한, 즉 두 번째 암에 대한 치료비까지 받을 수 있도록 보장을 탄탄하게 채워주는 것이 좋다.

더 이상 암에 대해 '설마 나는 아니겠지' 생각하는 시대는 지났다. 3명 중 1명은 암에 걸린다. 사람 일은 한 치 앞도 모른다지 않는가? 지금 당장 가지고 있는 보험증권을 펼쳐서 내 진단금은 충분한지 살펴보길 권한다.

나   어떠세요? 실제 암진단을 받은 많은 분들이 생활비로 고생하시고 계신답니다.

고객   정말 그렇네요. 사실 저도 주위의 암환자들 보면서 그런 생각이 들었어요. 암생활비보험은 얼마 정도 하나요?

모든 암을
다 보장해주나요

고객 그럼, 암진단을 받으면 어떤 암이든 다 보장해주나요?

나 일반적으로 암은 어떤 암이든 다 보장을 받을 수 있어요.

고객 아, 그래요? 작년에 제 친구가 대장암 진단을 받았는데, 보험금이 생각보다 적게 나왔다고 하더라구요. 진단비가 암에 따라 다른가요?

나 네, 맞아요. 과장님, 암은 종류에 따라 진단비가 다르게 나와요. 기본적으로 일반암, 소액암, 고액암으로 분류가 되는데, 소액암은 대부분 갑상선암이나 암이랑 비슷한, 암이 되기 전 종양을 의미한다고 보시면 돼요. 최근에는 발병률이 높아진 암들도 소액암으로 분류가 되어 보험금이 작아졌고요. 하지만 치료비가 적게 들어가는 암이라고 해서 다 소액암에 해당되는 건 아니예요. 예를 들어 유방암이나 자궁암, 전립선암 등도 소액암으로 진단비가 예전에 비해 축소되었거든요.

고객 유방암에 걸린 지인의 얘기를 들어보니 치료비가 꽤 많이 들어가던데요. 왜 그런가요?

나 요즘 암 발병률이 높아지고 있다는 기사 많이 보셨죠? 건강검진의 의무화 때문에도 일반국민들이 검진받는 기회가 많아지고 직장인들은 사내 건강검진을 통해 암 조기발견율이 높아지고 생존율도 높아지고 있어요. 생존기간이 늘어나면서 또 치료비도 그만큼 늘어나고요. 그래서 자주 발병하는 암들, 즉 보험회사에서는 청구율이 높아지는 암들을 소액암으로 분류하여 진단비를 축소하게 된 겁니다.

고객 아… 그럼 갈수록 더 안 좋아진다는 의미 아닌가요? 생존율은 갈수록 더 높아지고 있는데요. 그럼 일반암은 뭐예요?

나 조금 전에 말씀드린 소액암을 제외한 모든 암을 일반암이라고 해요.

고객 그럼, 재발암은 두 번째 걸린 암을 말하는 건가요? 요즘은 두 번 걸려도 세 번 걸려도 준다는 보험도 광고하던데요?

나 과장님이 가지고 계신 보험을 예로 들어 설명드릴게요. 먼저 원발암이라는 것은 처음 생긴 암으로, 기존 암세포와 조직해부학적 형태가 다른 암세포가 동일부위 또는 다른 부위에 발생한 암입니다. 누가 처음 암에 걸렸다 하면 원발암을 얘기하는 거라고 보시면 돼요. 재발암은 원발암이 발생했던 곳 또는 매우 가까운 곳에 다시 발생한 같은 암을 말합니다. 기존 세포와 조직해부학적 형태가 같은 암세포가 기존 암세포 완치 후 동일부위에 다시 발생한 암이고 암환자들이 두려워하는 암이기도 합니다. 전이암은 말 그대로 원발암이 원래 위치가 아닌 다른 부위에 발생하여 기존 암세포가 혈관을 타고 전이되어 다른 부위에 발생한 암이랍니다. 잔존암은 수술 후에도 미세하게 남아있는 암이고 처음 진단된 암세포가 동일부위에 계속 남아있는 암을 얘기하는데 재발암과는 약간 다른 의미이죠.

고객 아, 이제 좀 정리가 되는 것 같네요. 이게 참 어렵네요. 그럼 제가 가입한 이 보험에서는 말씀하신 모든 암들을 보장해주는 건지 한번 봐주세요.

나 네, 한번 볼까요. 지금 보시는 암진단비는 일반암에 걸렸을 때 천만원을 받을 수 있다는 겁니다. 아랫칸에 보시는 암진단비는 갑상선암이나 상피내암, 기타피부암 진단시는 200만원을 지급받을 수 있구요. 요즘 발병률이 높아서 소액진단비를 지급하는 유방암, 남녀생식기암은 분류가 되어 있지 않은 걸 보니 이 보험은 무슨 일이 있어도 절대 해지하지 마시고 가지고 계셔야 합니다. 요즘 보험 상품들 중에 유방암, 남녀생식기암에 대한 진단비를 축소하지 않은 상품을 찾아보긴 힘들거든요. 그리고 여기 두 번째 암이라고 되어 있는 부분에서는 암에 두 번째 걸리면 진단비를 2천만원 지급한다고 되어 있네요.

고객 두 번째 암은 암이 재발하면 준다는 건가요?

나 상품마다 조금 다르지만, 우선 고객님이 가입하신 이 상품에서 두 번째 암은 재발암과 전이암, 다른 곳에 가서 새로 생긴 원발암까지 보장을 해준다는 의미입니다. 그런데 자세히 보니 지급하는 기준, 즉 면책기간이라는 것이 있네요. 재발암은 첫 번째 암진단 받고 5년이 지난 후 진단 받아야 하고, 원발암과 전이암은 첫 번째 암진단 후 1년이 지나면 두 번째 암진단비를 지급한다고 되어 있어요.

고객 왜 이렇게 복잡한가요? 그냥 두 번 걸리면 두 번 다 주는 것으로 하지….

나 과장님, 사실 그렇게 하면 가장 좋은데요. 그러면 보험료가 비싸지죠. 아니면 아예 두 번째 암진단비를 판매하지 않을 수도 있구요. 잘 아시는 것처럼 암에 한 번 진단된 사람은 재발암이나 다른 곳에 가서 암이 새로 생길 확률이 높잖아요. 이 통계를 한번 보세요. 얼마 전 티비에 어느 대학 교수님이 나오셨는데, 새로운 곳에 암만 10번 걸렸다고 하더라구요. '세상에나 어떻게 저럴 수가 있나' 싶은데, 실제 요즘 두 번 암에 걸리는 사람들, 전이된 분들이 주위에 한두 분씩 늘어나고 있어서 무섭죠.

고객 네, 저도 듣기는 했어요. 한 번 걸리고 낫고 나서도 안심하면 안 된다구요.

나 과장님, 그리고 암보험이 이것만 있으신 건 아니죠? 지금 가입하신 보험이 보장에 대한 부분은 아주 좋은 보험이에요. 그런데 암진단비가 천만원밖에 안 되면 사실 많이 부족한 거 아시죠? 아무리 치료비가 적게 드는 암이라도, 실비가 있다는 전제하에도 최소 3천만원은 있어야 해요. 암은 치료에만 돈이 들어가는 게 아니라 생활비도 생각하셔야 하기 때문이죠.

고객 맞는 말이기는 한데 지금 당장 먹고살기도 힘든데 먼 미래를 위해서 보험을 크게 드는 건 좀….

나 많은 분들께 여쭤보는 내용인데요. 과장님, 암이 무섭나요, 돈이 무섭나요?

고객 그야 암이 더 무섭지만… 돈도 사실 무섭죠.

나 과장님, 한 달에 대리비 두 번 부르는 값이면 충분히 준
비할 수 있는 보험이에요.

고객 그렇긴 하네요. 그럼 제 건 보험료가 얼마 정도 될까요?

암치료 완료 후 암별 재발률

(자료: 건대호흡기센터)

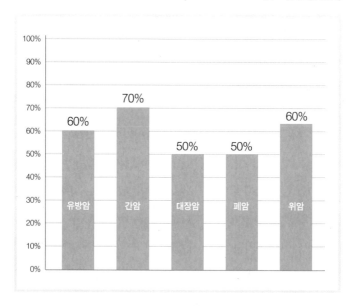

"암 치료는 잘하면서 암 경험자 방치하는 나라"

(자료: 김치중 한국일보 의학전문기자 / 2017년 07월 21일자)

국내 암환자의 5년 생존율은 2010~14년 70.3%로 암 환자 10명 중 7명은 '완치' 판정을 받고 생존율이 높아졌다. 암 진단 후 수술, 항암·방사선치료 등을 통해 암을 치료해도 암 환자들의 삶은 고단하다.

우선 경제적 문제에 봉착한다. 암 진단, 수술, 항암치료, 재활 치료에 필요한 비용부담이 만만치 않기 때문이다. 암 환자의 86.6%가 암 치료 후 직장에 복귀하지 못했다는 통계도 있다.

암 환자들의 사회복귀가 어려운 것은 그들을 바라보는 사회적 인식이 부정적이기 때문이다. 국립암센터가 일반인 2,000명을 대상으로 암 경험자의 직장복귀에 대한 인식을 조사한 결과, 응답자의 60.4%가 '암으로 인한 통증 때문에 작업능력이 떨어질 것'이라고 답했다.

암 환자에 대한 대중이 인식이 얼마나 부정적인지 알 수 있는 대목이다.

현대의학 발전 속도를 보면 암은 완치 가능한 병이 됐다. 그러나 처음 발견된 암(원발암)을 치료할 수 있지만 원발암 치료 후 재발, 전이는 물론 다른 장기에 새로 암이 생기는 2차 암이 왜 생기는지 의학적으로 명확한 원인을 규명하지 못하고 있다. 치료에 한계가 있는 것이다.

암을 조기에 발견해 치료, 암 환자를 5년 이상 살리는 기술은 우리나라가 미국, 영국, 일본보다 뛰어나지만 암 경험자의 정부 차원의 지원이 5년 이후 뚝 끊긴다. 암 환자가 '중증질환자 산정특례'로 등록하면 5년간 진료와 검사 시 본인 부담금을 5%만 부담하면 된다. 입원비 역시 본인 부담은 5%에 불과하다.

하지만 5년이 지나면 확 달라진다. 외래 진료와 검사 비용의 본인부담금 비율이 병원 종류별로 30~60%로 치솟고, 입원비 역시 20%로 높아진다. 물론 5년이 지나서도 완치가 안 되고 치료를 계속 받아야 할 경우 5% 본인부담을 연장할 수 있지만 완치 판정이 나면 부담이 대폭 커지는 것이다.

암 경험자 관리를 위해 정부도 뒤늦게 나서고는 있으나 이에 대한 암 경험자들의 반응은 싸늘한 편이다.

암에 따른 진단금

● 한 번에 두 가지 암으로 진단된 경우

한 번에 두 가지 이상의 원발암이 진단되었다면, 피보험자에게 유리한 암으로 진단비를 지급한다.

● 별개의 암으로 시간상 전이된 경우

최초의 암 진단 후 다른 곳으로 암이 전이된 경우, 즉 전이암의 경우에는 진단비를 지급하지 않는다. 원발암이 한두 달 사이 차례로 두 가지가 발생하여도 최초진단비만 지급한다. 다만, 일부 3대암이나 고액암 등 특정암에 대해서 따로 분류해놓은 특약에서는 보험금을 중복 지급하거나 차액을 지급하는 경우도 있다. 전이된 경우에는 원발암을 기준으로 지급한다.

항암방사선도
보장해주나요

고객　요즘 주위에서 모두 암, 암 하는데… 암에 대해 정확하게
　　　설명 한번 듣고 싶어요.

나　　우선 암이란 무엇인지 한번 알려드릴게요.

　　　보통은 우리가 몸의 어디엔가 혹이 생겨서 조직검사를
　　　해보았더니 암이더라…, 이렇게 얘기를 해요. 암은 정확
　　　한 말로 악성종양, 악성 신생물이라고 표현합니다. 비정
　　　상적 세포들이 과다증식을 해서 만드는 종괴라고 보시
　　　면 돼요. 주위조직 및 장기에 침입하여 종괴를 형성하고
　　　기존의 정상적 구조를 파괴하여 변형시키는 거죠. 양성
　　　종양과 비교를 해보면 양성은 성장속도가 느려요. 몇 년
　　　에 걸쳐서 크기가 증가하거나 그대로 있거나를 반복하는
　　　데, 악성은 크기가 갑자기 빠르게 증가하는 편이에요. 그
　　　래서 주위 정상적인 조직에까지 빠른 시간 안에 침투하

는 것이죠. 세포 분열도 양성종양은 많지 않으나 악성은 많아요. 조직 파괴도 양성은 적죠. 그러나 악성은 많습니다. 암환자들이 두려워하는 것 중의 하나인 전이도 양성은 없지만, 악성은 다른 장기로의 전이나 림프절로의 전이가 흔해요. 암진단을 받으면 그 암을 제거하기 위한 수술을 하고 항암방사선 하고 이런 일련의 과정들을 거치게 되죠. 만약 조직검사나 수술이 정말 어려운 상황이라면 항암방사선치료를 통해서 암의 크기를 줄이거나 더 이상 커지지 못하게 막을 수 있어요. 이런 조절을 통해서 암세포가 더 커지는 것을 억제한 다음, 방사선과 수술 가능 여부를 판단할 수 있거든요. 이런 방법을 선행적 화학요법이라고 합니다.

고객 한번 짚어주시니까 정리가 좀되네요. 근데 항암방사선이 돈이 그렇게 많이 든다고 하던데, 저도 항암방사선치료 받으면 보험금이 좀 나오나요?

나 네, 돈이 많이 들어가죠. 원장님, 암보험 가지고 계시죠? 증권 좀 보여주세요. 항암방사선이라고 해서 우리가 알고 있는 항암, 방사선만 되는 건 아니예요. 암수술이 어려운 경우나 수술 전 항암방사선이 필요하다고 판단되는 경우 암수술로 인정해서 수술비가 지급되는 건데요.

그런 게 있어요? 그게 어떻게 가능하죠?

원장님, 병원에 가서 검사를 했는데 의사가 "환자분, 암이 의심이 됩니다"라고 하면 그 부위에 조직검사를 하자고 해요. 보통 조직검사는 그 부위를 절개하는 수술을 해서 검사도 하고 종양을 제거하기도 합니다. 보통 생명보험에서는 1종, 2종, 3종 수술로 분류한 특약과 1~5종으로 분류한 수술비특약이 있는데 암수술은 별도의 수술분류표를 보셔야 해요.

일반적으로 수술은 그 질병의 직접적인 치료를 목적으로 수술하는 경우여야 하며 기구를 이용하여 생체에 절단, 절제 등의 조작을 가하는 것을 말하는데요. 흡인이나 천자 등의 조치, 신경블록은 수술로 인정되지 않아요.

아, 저도 암수술비가 종으로 되어 있다고 한 것 같은데. 몇 종 받으면 얼마 나오고 그러는 특약 맞죠?

네, 맞아요. 상품마다 보장금액이 다 다른데요. 제가 한 법원판례를 말씀드릴게요. 한 환자가 폐암진단을 받고 항암 치료를 위해 케모포트 삽입술을 시행받았는데 이후에 경추 4번의 전이에 의한 압박골절 소견이 있어 사이버나이프 수술을 3회에 나누어 받았어요. 후에 이 분이 보험회사에 수술보험금을 청구했지만 보험회사는 1회의

악성 신생물 치료 목적의 수술

수술명	수술 종류
1. 관혈적 악성 신생물(惡性新生物) 근치수술(根治手術, Radical curative surgery) 단, 기타피부암 (C44) 제외 [내시경 수술, 카테터 · 고주파 전극 등의 경피적 수술 등은 제외함]	5종
1-1. 기타피부암 (C44)	3종
2. 내시경 수술, 카테터 · 고주파 전극 등에 의한 악성 신생물 수술 (수술개시일부터 60일 이내 2회 이상의 수술은 1회의 수술로 간주하여 1회의 수술보험금을 지급하며 이후 동일한 기준으로 반복 지급이 가능함)	3종
3. 상기 이외의 기타 악성 신생물 수술 (수술개시일부터 60일 이내 2회 이상의 수술은 1회의 수술로 간주하여 1회의 수술보험금을 지급하며 이후 동일한 기준으로 반복 지급이 가능함)	3종

수술로 인정하여 나머지 2회의 수술은 지급을 거절했어요. 법원 판결은 '3회의 수술비를 모두 지급하라'였고요. 담당의사가 환자의 상태나 질병의 정도를 고려해서 불가피하게 나누어 시행할 수밖에 없는 경우 각각의 수술로 인정하는 것이 약관해석의 원칙에 부합하며, 사이버나이프 수술은 종양부위에만 방사선을 집중 조사하여 부작용 없이 종양을 제거하는 최근에 개발된 기술로서 환자의 상태, 암세포의 전이도, 주위 조직의 상태 등에 따라 2회 내지 3회 정도 시행되고, 척수가 손상될 위험이 있어 척

수의 보호를 위해 담당의사가 불가피하게 3회에 걸쳐 나누어 시행받았으므로 각각의 수술로 인정함이 타당하다고 했답니다.

고객 사이버나이프가 수술이 아닌데 수술비를 준다는 거죠?

나 악성신생물 치료 목적으로, 즉 암수술의 경우에는 5종 수술 기준으로 2종, 3종, 5종에 해당됩니다. 악성신생물의 근치목적으로 절제, 적출 등을 받은 경우 암 수술로 인정되고 이 경우는 5종에 해당됩니다. (과거 보험 약관에 따라 다를 수 있음) 내시경이나 카테터, 고주파시술의 경우 5종이 아닌 3종으로 인정해요. 방사선 조사의 경우 5000Rad 이상의 조사만이 인정, 악성뇌종양의 치료를 위한 사이버나이프, 감마나이프도 이에 해당되고 3종으로 인정됩니다.

악성 신생물 근치 · 두개내 신생물 근치 방사선 조사 분류표

수술명	수술 종류
1. 악성 신생물 근치 방사선 조사 [5,000Rad 이상의 조사(照射)를 하는 경우로 한정하며, 악성 신생물 근치 사이버 나이프(Cyberknife) 정위적 방사선 치료(定位的 放射線 治療, Stereotactic radiotherapy)를 포함함]	3종
2. 두개내 신생물 근치 감마나이프(Gammaknife) 정위적 방사선 치료	3종

주) 수술개시일부터 60일 이내 2회 이상의 수술은 1회의 수술로 간주하여 1회의 수술보험금을 지급하며 이후 동일한 기준으로 반복 지급이 가능함

고객 아, 사이버나이프가 뭐예요?

나 사이버나이프, 감마나이프 수술은 일반 마취상태에서 종양을 절제하지 않고, 밖에서 초음파, 방사선을 이용하여 주변조직의 손상 없이 목표종양을 순식간에 태워 죽이는 비침습적 치료방법인데요. 최근 의학기술의 발달로 암 수술에 대해 신종수술법이 계속 개발되어 의료계는 보편화되어가고 있기 때문에 치료방법에 따라 우리가 생각하지 못했던 부분에서 보험금이 나올 수 있어요. 물론 모두 다 이렇게 주는 건 아니지만, '수술이 아니니까 청구하면 안 되겠네' 라고 생각하시는 분들도 많은데 잘 알아보셔야 한다는 거죠.

참고로, 보험 약관상 암의 지급기준을 말씀드릴게요.

암진단의 확정은 해당과의 담당의사가 내리는 것이 아니라 '해부병리 또는 임상병리의 전문의사 자격증을 가진 자' 에 의하여 내려져야 합니다. 검사방법으로는 약관에서 딱 3가지만 정하고 있습니다. 우선은 암의 검사방법 중 제일 대표적인 조직검사가 있구요. 말 그대로 암이 의심이 되는 종양의 일부를 떼어내 병리과에 보내서 그 결과를 보는 방법입니다. 보통은 이 조직을 떼어냄과 동시에 암이 의심이 되는 바로 그 종양을 절제, 적출을 해서 아예 없애버리기도 합니다.

미세침흡인검사라는 것은 최근에 들어보신 분들 많으실 거라고 생각합니다. 작은 침을 병소에 찔러 주사기로 조직을 빨아들여 현미경으로 도말하는 검사방법입니다. 주로 유방, 갑상선에 암의 의심이 될 때 사용하는 방법이에요. 요즘엔 폐나 다른 장기에 사용하기도 하는데요, 수술 전에 암을 진단할 수 있는 방법이기도 해요. 이 검사 방법은 정확도가 95% 이상으로 수술 전 이 검사로 확진할 수 있다고 하면서 2002년 8월부터 모든 약관에 삽입된 내용이기도 합니다. 따라서 이 검사로 확진을 받았다면 종양을 제거하는 수술을 받기 전에 보험금을 청구하여 치료 전에 미리 암진단비를 받을 수 있어요.

혈액검사는 혈액암의 진단을 위한 혈액의 조직검사를 말하는 것으로 일반적 의미의 혈액검사가 아닙니다. 혈액검사 종류 중 형태학적 검사가 여기에 해당한다고 보시면 되겠습니다.

참고로, 조직검사 결과지를 한번 살펴볼까요? 검사일은 2017년 04월 25일이고 판독일은 2017년 04월 28일로 나와 있는데 여기서 두 날짜 사이에 갭이 있어요. 검사일은 말 그대로 조직을 떼어내서 병리과에 의뢰를 한 날이고, 판독일은 결과가 실제로 나온 날입니다. 그래서 실제 결과가 나온 날, 이 날을 확정 진단일이라고 보시면 됩니다. 아무리 빨라도 조직을 떼어내서 결과를 보기까지는 최소 3~4일의 시일이 걸리게 된다는 것이죠. 대부분의 고객님들은 암진단서상의 암진단일이나 의사로부터 암이라고 들은 날이 암의 확정 진단일이라고 생각하시는 경우가 많은데요. 정확한 암진단일은 조직검사 결과지상의 판독일 또는 보고일이라고 생각하시면 됩니다.

이 날짜를 기준으로 암진단금의 면책기간인 90일이나 감액기간인 1년과 2년 기준(보험계약일로부터)을 확인하고 보험금을 지급한다는 사실, 꼭 알아두셔야 합니다.

고객 보험이 참 어렵긴 하지만, 어쨌든 많이 알아야 보험금도 챙겨받을 수 있겠네요.

3:33의 법칙을 통한 지속적인 니즈 환기

소비자가 의사결정을 하는 과정에서 가장 중요한 첫 번째는, 상품에 대한 욕구와 필요성 인식입니다. 보험에서는 가입의 목적, 즉 니즈 환기라고 표현할 수 있어요. '나는 보험이 필요한가?' '왜 필요한가?' 하는 인식을 심어주는 작업이 필요합니다. 이 단계가 보험 세일즈에서 가장 중요하다고 할 수 있죠. 지속적인 니즈 환기가 이루어진다면 80%는 성공했다고 볼 수 있습니다.

이후 고객은 정보탐색 과정에서 어느 보험사 어느 설계사를 통해 가입할 것인가, 또 어느 채널을 통해 가입할 것인가를 선택합니다. 소개를 받는다든지, 직접 알아본다든지 하는 과정을 거치게 됩니다.

실제 고객은 여러 영업인들에게서 여러 개의 보험에 관한 설명을 듣고 상품을 선택합니다. 영업인 한 사람에게만 상담받는 게 아니라 두루두루 소개받아 대안평가과정을 거치게 된다는 말이죠. 그리고 최종 구매를 합니다. 물론, 구매했다고 해서 모든 과정이 끝나는 것은 아니랍니다.

'3:33의 법칙'이라는 것이 있습니다. 만족한 소비자는 3명에게 자랑하고 불만족한 소비자는 33명에게 불평하고 다닌다고 하죠. 그래서 구매 후 평가단계가 보험설계사에게 아주 중요합니다. 이후 계약에 대한 소개 건들이 생기느냐 안 생기느냐는 영업인에게 달렸습니다.

실제 상품은 대동소이합니다. 그러나 구매 후 고객은 어떤 서비스를 받느냐에 따라, 즉 보험사고가 터졌을 때 설계사에게 어떤 도움을 받았느냐에 따라, 다음 계약으로 이어지거나 소개를 해주거나 하는 부분에 큰 영향을 미칠 수 있습니다. 이것은 또한 대면 영업이 주를 이루는 한국사회에서는 가장 큰 영업활동의 셀링포인트가 될 수 있습니다.

001

결혼 전 서로의
실손의료보험 점검하기

고객 이렇게 일부러 찾아와주시고… 감사합니다.

나 안녕하세요, 과장님. 잘 지내셨어요? 요즘 미세먼지와 이런저런 일로 나라 전체가 우울한데 과장님 결혼 소식 들으니 완전 반갑더라구요. 준비하시느라 많이 바쁘시죠?

고객 아휴, 네. 정신이 없어요. 두 번 했다간 큰일 나겠어요. 이렇게 많은 것들을 준비하는 줄 미처 몰랐지 뭐예요.

나 맞아요. 결혼 전에 준비할 것들이 정말 많죠. 저도 결혼 준비할 때 참 정신없었어요. 그런데 서로 어떤 보험에 가입했는지는 점검해보셨나요?

고객 나이가 몇인데 알아서 들었겠죠. 그것까지는 아직 얘기를 안 해봤어요.

나 과장님, 다른 것도 중요하지만 서로 어떤 보험을 가입했는지 점검하는 건 정말 중요하답니다. 이제 한 가정을 이루는 것이잖아요. 각자의 급여도 합칠 것인지 따로 관리할 것인지, 또 부모님 용돈과 아파트 대출금은 어떻게 상환할 것인지 이런 것들을 점검하고 같이 상의하시잖아요. 가정 내 재무관리에 있어서 보험도 가정경제에 꽤나 큰 영향을 미치거든요. 그리고 이제는 혼자가 아니니 더욱 그렇구요.

고객 그렇긴 하지만 굳이 보험까지 챙기고 따져볼 생각은 안하게 되더라구요. 솔직히 귀찮기도 하고요.

나 제 지인 중에 은근히 잔병치레가 잦은 분이 계신데요. 그분이 결혼을 하면서 아내와 아이 갖기 전에 '1억 만들기' 계획을 세우셨대요. 그런데 갑자기 디스크로 입원하면서 예상에 없던 몇 백만원을 지출했어요. 그후 보험을 가입하시겠다고 연락이 왔지 뭐예요. 저렴한 실손보험이라도 미리미리 가입하셔야 한다고 여러 번 말씀드렸었는데, 그때는 설마 이런 예기치 않은 치료비가 발생하리라곤 전혀 생각을 못하신 거죠. 인생이 그런 거 잖아요. 사고나 질병은 예고없이 찾아오니까요.

고객 맞아요. 의외로 제 주위에도 병원비로 돈이 많이 나간다며 아까워하는 사람들이 있어요. 그럼, 어떤 보험을 가장 먼저 가입해야 하나요? 좀전에 말씀하신 실손의료보험은 어떤 건가요?

나 　과장님, 가장 먼저 가입해야 하는 보험이 바로 실손의료
비보험이에요. 병원비로 쓴 일부를 돌려주는 보험이죠.
보험 중에 보장의 폭이 가장 넓고 그에 비해 보험료는 가
장 저렴하다고 보시면 돼요. 예를 들어 오늘 아침에 잠을
잘 못자 목이 안 좋아서 물리치료 받으러 병원을 갔다고
했을 때, 가서 엑스레이 찍고 물리치료 받고 주사를 맞으
면 병원비가 나오죠. 그 돈의 일부를 보험회사에 청구하
면 보험금이 나오는 거예요. 그런데 오후에 저녁식사를
잘못해서 체했어요. 복통이 너무 심해서 응급실에 가니
이것저것 비용이 비싼 검사에 링거주사에 치료비가 꽤
나왔네요? 이것도 보험회사에서 보험금을 지급합니다.
이게 바로 실손의료비 보험입니다.

고객 　네. 여러 가지를 다해주네요? 정말 많이 아픈 사람들은
은근히 병원비 도움 많이 받겠어요. 그런데 하루 동안 저
렇게 여러 곳이 아프면 보험금이 다 나오지는 않겠죠? 그
런 보험회사가 어디 있겠어요.

나 　아니예요, 과장님. 한 질병당 통원은 180회까지 가능하
구요. 여러 곳이 아파도 보상하지 않는 몇 가지만 빼고
보상이 되어요. 또 하루 동안 질병으로 통원했다가 상해

로 통원해도 보험금이 지급되고요.

고객 정말요? 그럼 정말 대박인데요. 보험은 당장 내 돈이 나가는 지출이고 혜택은 남의 일이라 생각했어요. 의외로 실생활에서 병원 한 번 가면 치료비가 제법 들던데 많은 도움이 되겠어요. 적어도 아깝다는 생각은 안 들겠군요.

나 네, 맞아요. 작은 질병이나 사고로 나가는 병원비도 무시 못하지만, 사실 큰 병이나 큰 사고가 났을 때 보험이 더 소중해지죠. 그동안 안 먹고 안 쓰고 뼈 빠지게 모았던 내 자산이 한 번에 날아갈 수도 있기 때문이죠. 그래서 최소한의 준비는 해두시는 게 좋답니다. 한 사람만 가지고 있어도 된다고 생각하고 계시다가 가입하지 않은 배우자가 아프거나 다치게 돼서 경제적 어려움을 호소하시는 경우를 많이 봤거든요. 작은 금액이라도 각자 나눠서 가입하셔야 해요. 그리고 최근 실손보험은 단독상품으로 판매하기 때문에 30~40대도 1~2만원대면 가능하답니다.

고객 아! 그래요? 그렇게 저렴하게 가입이 가능하다고요? 저렇게 많은 보장을 해주는데도요? 그럼, 저희 부부꺼 실손보험 좀 뽑아주세요.

인간은 합리적이다?

한 여자가 쇼핑몰 구두가게로 들어갑니다.

'어? 지난번 잡지에서 본 그 블링블링한 신상구두네! 아, 사고 싶다. 이달은 카드값이 많이 나와서 안 되는데…'

여자는 머릿속이 복잡합니다. 그럼에도 불구하고 마음과 머리와 손은 이미 그 신상구두에 꽂혔어요.

여자라면 누구나 한번쯤은 겪어봤을 상황이죠. 인간의 사고체계를 크게 두 가지로 나누어 보면 상향식 사고와 하향식 사고로 나눌 수 있습니다. 상향식 사고는 무의식적인 사고로 자동적으로 항상 가동되고 있는 의식체계입니다. 충동적이고 감정에 따르고요. 하향식 사고는 상향식 사고보다 더 느리며 의식적이죠. 따라서 자기통제를 담당하며 감성적인 충동을 억제합니다. 상향식 사고는 생존을 위해 매우 유용합니다. 산속에 갔다가 뱀을 보면 반사적으로 행동하는 것 등이 이에 속합니다. 이런 상황에서 대부분 몸이 먼저 반응을 해요. 우리의 뇌는 위험신호를 감지하면 식은땀이 나고 근육은 도망칠 준비를 위해 몸을 준비시킵니다. 생존을 위해서 원시시대부터 반응해온 뇌의 위험감지 신호시스템인 셈이죠.

영업도 이와 같습니다. 현장에서 고객을 만나서 대화를 할 때 상향식 사고인 무의식 시스템을 사용해야 합니다. 고객의 성향을 재빠르게 파악하고 그에 맞는 대화방식으로 영업을 진행해야 합니다.

그렇다면, 고객은 어떨까요? 일반적으로 상품 구매에 앞서 유사 상품의 질, 형태, 가격 등 여러 가지를 심사숙고합니다. 그러나 앞의 '쇼핑몰의 그녀'처럼 고객은 생각보다 심사숙고 체계를 거치지는 않죠. 행동경제학의 관점에서 고객은 무의식적으로 상품을 구매한다고 합니다. 상품이 좋지 않아도 영업인이 마음에 들면 구매하고, 반대로 상품이 아무리 좋아도 막상 영업인이 싫으면 상품을 구매하지 않는 경우가 그 예입니다.

따라서 우리가 흔히 생각하는 '의식'에서 '심사숙고'를 거쳐 상품을 구매하지 않기 때문에 우리는 고객과의 감정중심, 즉 소통과 관리를 통해 무의식적으로 구매하게 만들어야 합니다.

002

맞벌이 부부의 가장 큰
경제적 손실은?

고객　팀장님, 휴가 다녀오셨어요? 정말 덥죠. 아이가 있어서
　　　어디든 가야 하는데 쉽지 않네요. 그나저나 얼굴이 까칠
　　　해 보이시는데 무슨 일 있으셨어요?

나　　휴가는 생각도 못하고 있네요. 요즘 주위에 사고난 분들
　　　이 좀 있어서 처리해 드리느라 정신이 없었어요.

고객　사고요? 무슨 사고가 났길래….

나　　제 고객 중 한 분이 친구들과 계곡으로 물놀이를 갔다가
　　　사고를 당하셨는데, 좀 심각한 사고라서 병원에 한 달째
　　　누워계세요. 아이들이 있는 집이라 당장 생활비며 병원
　　　비에 많이 힘들어하셔서요. 2년 전에 보험을 가입한 고
　　　객님인데 다행히 그때 제가 추천해드린 후유장해특약을
　　　가입하셔서 이후에 생활비에는 그나마 조금 보탬이 될
　　　거 같아요. 천만다행이죠.

고객 보험에 가입했다면 병원에서 쓴 돈은 다나오는 거 아니예요? 후유장해는 또 뭔가요? 제가 알고 있는 그 장애진단 그런 거 맞나요?

나 어떤 사고나 질병으로 인해서 이후 몸에 장해가 남는다는 건데요. 예를 들어 칼에 좀 심하게 베어 몇 바늘 꿰매고 나면 치료하고 난 후에도 상처가 남는데 그와 비슷한 경우라 보시면 돼요. 정확한 "장해"의 정의는 상해 또는 질병에 대하여 치유된 후 신체에 남아 있는 영구적인 정신 또는 육체의 훼손상태를 말합니다. 단, 질병과 부상의 주증상과 합병증이나 이 치료를 받는 과정에서 일시적으로 나타나는 증상은 장해에 포함되지 않고요. 혹시 〈언터처블, 1%의 우정〉이라는 영화 보셨어요? 주인공인 필립은 전신마비환자인데 패러글라이딩을 하다가 사고로 중추신경이 손상되어 목 아래로는 전혀 움직일 수도 감각을 느낄 수도 없는 상태로 휠체어에 의지해 사는 이야기인데요.

고객 아~ 그 영화 본 적 있어요. 굉장히 감명깊게 봤었는데.

나 영화에서 필립의 전신마비는 90% 이상의 후유장해 진단을 받을 수 있는데 신경손상으로 인한 장해는 영화에서처럼 현실에서도 호전이 어려워요. 간병인이나 가족이 없이 일상생활은 할 수 없다고 봐야 하죠. 필립이 패러글라이딩 사고로 보험금을 받는다면, 어떻게 될까요? 차장님.

고객 글쎄요. '장해'라고 하니까 왠지 보험금이 많이 나오지 않을까 싶은데요.

나 우선, 보험에 가입이 되어 있다고 하여 모든 사고에 대한 보험금이 다 나오는 건 아니에요. 상해보험의 경우 피보험자가 직업, 직무 또는 동호회 활동목적으로 전문등반, 글라이더 조종, 스카이다이빙, 행글라이딩, 수상보트, 패러글라이딩으로 인해 상해 사고가 발생했을 시에는 보상을 하지 않는데요. 그래서 보험 가입 시 계약 전 질문사항에도 위험한 스포츠를 취미로 하는 경우는 고지를 해야 해요.

만약 패러글라이딩을 운영하는 사업장에서 배상 책임 등의 보험에 가입했다면 보험금 지급이 가능합니다. 필립과 같은 전신마비의 경우는 신경손상 등으로 인한 후유장해 보험금까지 청구가 가능하고요.

고객 에이, 그러면 상해보험을 가입해도 사고가 나서 후유장해 진단을 받으면 보험금을 받을 수 없다는 얘기 아닌가요? 그러면 누가 보험에 가입하겠어요?

나 아, 차장님. 제가 말씀드린 건 위에 언급한 사고에 대해서

만 개인보험에서 보상이 안 되는 거고요. 일반적으로 이런 사고는 말씀드렸듯이 사업장에서 보험을 가입하고 거기에서 보험금을 받는 거고, 개인이 가입한 보험에서는 이런 사고를 제외한 다른 사고는 모두 보상이 됩니다. 예를 들어 계단에서 넘어져서 무릎이 파열되어 입원과 수술을 했는데, 일정 시간이 경과해도 무릎에 장해가 남았을 경우, 후유장해 진단비가 가입되어 있다면 보험금을 받을 수 있어요.

제 고객님 중 한 분은 몇 년 전 회사에서 업무차 출장을 갔는데, 건설 현장에서 발을 헛디뎌 떨어지는 사고가 발생했고, 안타깝게 하반신 마비 진단을 받았어요. 이후 재활치료를 받았으나 호전이 안 돼서 지금은 휠체어에 의존해 생활을 하고 계세요. 이때 후유장해 진단비와 후유장해연금(생활비) 등이 가입되어 있어서 매월 생활비로 100만원씩 받고 계시는데요. 아이가 어렸고 배우자분이 일을 하셨지만 경제적 타격이 정말 컸는데, 다행히 관련 특약을 넣어 놓으셔서 정말 큰 도움을 받으셨다고 해요. 회복하여 지금은 장애인 관련 일을 조금씩 하시면서 2~3년 동안 보험의 도움을 받아서 다시 일어서실 수 있었다고 해요. 물론 안 다치고 안 아픈 게 가장 좋지만 사람일은 알 수가 없으니까요.

고객 그분도 정말 청천벽력이었겠네요. 아이가 어리다니 더 막막하셨을 듯싶은데 그나마 다행이네요.

나 보험이 이럴 때 정말 큰 힘이 되니 다행이죠. 맞벌이 부부는 말 그대로 둘 다 생활비를 벌고 있는 사람들이잖아요. 그래서 만약 한 쪽이 큰 질병이나 사고로 직장생활을 못하게 되면 갑자기 수입이 줄게 되고 경제적 타격이 큰데요. 작은 사고나 질병이라면 치료받고 호전이 가능하지만 그렇지 않은 경우도 생길 수 있기 때문에 건강보험에 가입하실 때 반드시 진단비 특약과 후유장해특약도 같이 가입하셔야 합니다. 말이 나왔으니 후유장해보험금 지급 기준을 대략 알려드릴게요. 내용이 좀 어려워도 알아두시면 도움이 되실 거예요. 지난번에 차장님이 가입하신 보험에도 후유장해 진단비가 들어가 있고, 또 요즘엔 간병인지원 특약도 있으니 추가하셔도 되구요.

후유장해진단은 무엇인가

"영구적"이라 함은 원칙적으로 치유하는 때 장래 회복할 가망이 없는 상태로서 정신적 또는 육체적 훼손상태임이 의학적으로 인정되는 경우를 말한다.

신체의 부위별 기준은 눈부터 신경계 정신행동 장해까지 이상 13개 부위(눈, 귀, 코, 씹어 먹거나 말하는 기능, 외모, 척추, 체간골, 팔, 다리, 손가락, 발가락, 흉복부장기 및 비뇨생식기, 신경계 정신행동)를 말하며, 이를 각각 동일한 신체부위라 한다. 다만, 좌우의 눈, 귀, 팔, 다리는 각각 다른 신체부위로 본다.

후유장해 진단서상 표기방식은 두 가지로 나뉘어진다.

● **AMA (American Medical Association) :** 미국의학협회 기준으로 평가한 장해진단서로서 장해율을 신체부위별 지급률(%)로 계산하는 방법이다. 생명보험, 손해보험 등의 보험에서 장해급여금 혹은 일반상해사망 후유장해 진단금을 수령하는데 있어서 사용되는 진단서.

● **맥브라이드방식 :** 노동력상실평가법으로 직업과 장해부위의 관련표로 신체의 장해를 백분율(%)로 평가한다. 장해의 부위, 종류, 정도에 따라 노동능력 상실률을 세분하고 다시 280여 종의 직종별 계수를 만들어 이들 제요소를 서로 조합하면 수천 개 이상의 상실률 평가가 이루어진다.

우리나라 자동차보험에서는 보험금(보상금)을 산정하는 경우에 맥브라이드방식 장해평가기준을 적용하고 있으나, 원전 그대로가 아니라 직업분류를 옥내, 옥외 근로자 2가지로 축소하는 기준을 사용하고 있으며, 민사소송 등에서는 원전을 그대로 사용하고 있다.

대부분의 후유장해는 증상이 고정된 시점에 후유장해 지급률을 결정하고 사고일로부터 180일 이내에 확정되지 아니하는 경우에는 상해발생일로부터 180일이 되는 날 의사진단에 기초하여 고정될 것으로 인정되는 상태를 후유장해 지급률로 결정한다.

전신마비의 경우 신경계 후유장해 기준으로 살펴보면 된다. 신경계에 장해가 남아 일상생활 기본동작에 제한을 남긴 때의 경우 10~100%의 지급률로 산정된다. 세부적으로 이동동작, 음식물 섭취의 정도, 배변배뇨, 목욕, 옷 입고 벗기 등의 제한 정도에 따라 지급률을 평가한다.

약관의 후유장해 지급률표상의 각 부위별 지급률에 손해보험은 상해후유장해, 생명보험은 재해후유장해의 가입금액을 곱하여 지급 보험금을 결정한다. 고도후유장해에 해당이 된다면 관련특약도 살펴봐야 한다.

003
아이를 가졌어요

나   지연 씨, 임신하셨다구요? 축하드려요~. 얼마나 좋으시겠어요. 정말 축하드립니다.

고객   감사합니다. 결혼 10년 만에 어렵게 아이를 가진 거라 아직도 얼떨떨하고 믿기지가 않아요. 남편과 저, 그동안 마음 고생이 많았거든요. 이제 저도 카페나 블로그에 당당하게 글도 올리고 활동할 수 있을 것 같아요. 그동안 솔직히 다른 사람의 글 보며 부러워만 하면서 공감하지 못하니 댓글을 달기도 뭐하고 그랬거든요. 아이를 가졌다는 게 이렇게 큰 감동인줄 몰랐어요.

처음에 병원에서 이야기 듣고 정말 많이 울었어요. 엄마라는 이름은 참 많은 걸 느끼게 해주는 말인 것 같아요.

나   맞아요. 제 고객님들 중에도 어렵게 아이를 가진 분들이 좀 계신데, 마음고생 정말 많이 하셨어요.

고객   그래서 인터넷 카페에 저도 아이를 가졌다고 당당하게 올렸답니다. 그랬더니 얼른 태아보험부터 가입하라고 하더라구요. 어디 상품이 가장 좋나요? 손해보험? 생명보험? 어떤 걸 가입해야 하는지도 모르겠구요.

나   아이를 가지면 예비엄마들 사이에서 보험가입이 첫 출산 준비물로 인식된 지 오래됐어요. 태아보험은 정식 상품의 종류는 아니구요. 정확하게는 어린이보험 분류에서 찾는 게 맞아요. 어린이보험에 태아관련 보장들을 추가한 상품이 보통 태아보험이라고 불리는데, 출산 시 발생할 수 있는 저체중이나 선천 이상에 대한 보장을 해주는 특약들을 말합니다.

생명의 탄생은 기쁜 일이죠. 그런데 만약 내 아이가 문제를 가지고 태어난다면 어떨까요? 생각하기도 싫은 끔찍한 일일 거예요. 그러나 최근 사회적으로 환경적 요인과 고연령 산모의 출산율이 높아지면서, 선천성 이상을 가진 아이가 태어날 확률이 높아져가고 있다고 하죠.

고객   맞아요, 요즘 제 주위에도 늦게 결혼하는 친구들이 많아졌어요. 아이도 늦게 낳고요.

나   실제 23명 중 1명은 선천성 질병을 가지고 태어날 확률이 있다는 통계가 있습니다. 특히나 이렇게 태어난 아이의 경우 치료비용이 성인에 비하여 막대하게 들어갈 수 있어요. 이런 이유로 요즘은 태아 때 가입하는 보험의 가입률이 예전에 비하여 굉장히 높습니다. 보험의 필요성에 대한 소비자의 관심이 커진 것도 있지만, 특히나 아이의 경우 태어나면서부터 잔병치레에 시달리는 경우가 많고, 각종 사고나 질병에 노출될 확률이 성인에 비해 8배 이상 되기 때문이죠. 다른 보험에 비해 유독 태아보험과 어린이 보험은 소비자가 먼저 찾는 보험 상품이 되었어요.

제 고객님 중 한 분의 아이가 태어난 지 얼마 안 돼서 안타깝게도 사경 진단을 받았는데요.

고객 처음 들어보는데 사경이 뭐예요?

나 저도 이번에 처음 알았는데, 목의 근육 일부가 뒤틀려 머리가 한쪽으로 기운 것을 사경이라고 한다네요. 의외로 이런 아기들이 많더라구요. 원인과 발생 시기에 따라 후천성 사경과 선천성 사경으로 나뉘는데, 보통은 머리가 한 방향으로 기울어져 있고 턱이 반대방향으로 보고 있는 증상으로 나타나는데요. 선천성 사경의 가장 흔한 원인은 목 주변의 근육이 손상되면서 수축되어 머리가 한쪽으로 기울어지며, 드물게는 경추의 이상이 원인일 수도 있다고 해요. 간혹 아이의 목에서 멍울이 만져지는 경우가 있는데, 이 경우는 자궁 속에서 태아가 한 자세로 있다가 근육이 손상되면서 출혈과 부종으로 만들어지는 경우도 있답니다.

일단 진단을 받게 되면 재활치료를 시작하는데 통상적으로 3개월 정도 치료를 하면 다행히도 사경은 치료가 됩니다. 문제는 특수 물리치료 등 비용이 만만치 않게 발생한다는 점이에요. 다행히 이 엄마고객님은 임신 16주차에 태아보험을 가입해두어 병원비 걱정 없이 치료를 받을 수 있었어요.

고객 다행이네요. 그 엄마도 정말 안타까웠겠어요. 정말 남 일 같지 않군요. 저는 주위에서 태어나면서 어깨가 부러지는 아이들도 봤어요. 그때 '아, 태아보험은 꼭 가입해야 하는구나' 생각했어요.

나 그런데 모든 엄마들이 다 지연 씨처럼 생각하지는 않더라구요. 사실 엄마고객들은 여러 가지를 망설이게 되죠. 아이 낳고 나서 보험에 가입해야지 하는 엄마들도 더러 있는데요. 물론 아이를 낳고 가입해도 됩니다. 보험사는 어린이보험 상품을 언제나 가입할 수 있도록 늘 문을 열어두고 있어요. 문제는 임신부터 출산까지 기형아 출산이나 유산과 같은 예기치 못한 사고들도 일어날 수 있다는 거죠. 만약 사고가 생기거나 질병이 있으면 그 다음이 더 문제에요. 한 번 아프면 어린이보험에 가입조차 어렵기 때문에 반드시 태아 때 가입을 하는 게 아이를 위한 부모의 현명한 선택인 거죠.

고객 아이를 위해서 정말 보험은 있어야겠군요.

감성으로 사서 논리로 정당화시키는 고객심리

많은 사례들을 익히고 이것을 영업에서 활용하려고 하면 반드시 내 주위의 사례들, 흔히 볼 수 있는 사례들로 풀어나가야 합니다. 와 닿는 이야기여야 고객의 감정을 흔들 수 있기 때문이죠.

보통 사람들이 어떤 결정을 내릴 때 감정과 논리, 둘 중 어느 부분이 더 깊숙이 개입할까요?

보통은 '논리적'으로 결정을 내린다고들 생각합니다. 그러나 실상을 보면 정반대입니다. 논리를 따지려면 시간과 노력이 들지만 감성은 즉각적으로 반응하기 때문이죠. 그래서 "고객은 감성으로 사서 논리로 정당화시킨다"는 말도 있습니다.

주위에서 일어나는 다양한 사례들을 놓치지 말고 활용해서 영업력을 쑥쑥 키우는 영업인이 되시길 바랍니다.

004

어린이 보험이 필요한가요

나 　제 친구 얘기 하나 해드릴게요. 늦은 나이에 임신을 한 친구인데요. 보험금 지급심사를 하면서 아픈 아이를 많이 봐온 저는 당장 태아보험을 가입하라고 권유했죠. 하지만 형편이 안 좋다며 친구가 자꾸 가입을 미루기에 제가 아이 선물로 보험료를 부담하겠다고 했어요. 그제야 친구는 억지로 가입을 했고 임신 7개월 차, 정밀초음파상 태아의 목에 종양이 발견됐다는 말을 들었어요.

고객 　아이고, 그 엄마는 청천벽력이었겠네요. 태아도 그런 병이 생기다니요. 열 달 내내 얼마나 힘들었을까요.

나 　문제는 태아라 달리 치료방법이 없었고 동네 산부인과에서는 태아질병센터가 있는 큰 병원으로 전원을 시켰어요. 큰 병원의 담당의사는 경과관찰을 하면서 분만 후 수술을 하자고 했죠. 열 달을 채워 친구는 제왕절개로 분만을 했고, 아이는 바로 중환자실로 옮겨져 2주가량 지냈어요. 이때 병원비가 많이 나왔죠. 너무 어려서 당장 수술을 하기에는 무리가 있다고 하여 6개월 후 제거 수술을 했고, 다행히 양성종양으로 진단이 됐습니다.

고객 다행이네요. 그 어린아이가 얼마나… 보는 엄마도 힘들었을 테구요.

나 그런데 1년 후 다시 종양이 재발했고, 재수술을 했지 뭐예요. 아픈 아이를 보며 마음이 많이 아팠지만 보험이라도 없었다면 그 많은 병원비를 어떻게 감당했을까 하면서 친구와 저는 그래도 다행이라고 얘기했어요. 사실 아이가 아픈 것도 가슴 아프지만 병원비로 2차적 고통을 받았다면 정말 힘들었을 거예요.

고객 그랬겠네요. 저도 아이가 있어 입원을 시켜 보니 아이들은 면역력이 약해서 감염의 위험 때문에 병원에서 다인실을 권장하지 않고 1~2인실을 사용하는 게 낫다고 그러니 부모들은 어쩔 수 없이 되도록 1인실을 쓰게 되잖아요. 게다가 중환자실을 사용하면 입원비도 정말 만만치않더라구요.

나 또 하나의 사례인데요. 얼마 전 지인으로부터 친구의 아이가 3살인데 백혈병진단을 받았다고 연락이 왔어요. 건강하게 아이를 출산했고 특별히 잔병치레도 없던 아이였는데, 감기가 심해서 병원에 갔다가 큰 병원으로 가보라는 권유를 받고 갔는데 이런 안타까운 진단을 받았어요. 그래서 지금 병원에서 투병중인데, 엄마아빠 모두 사는 게 사는 게 아니라고 합니다. 제가 보험금 지급 심사할 때 소아병동을 갔었는데, 티비에서 가끔 보는 다큐멘터리에도 눈물이 나는데, 실제 보면 정말 말을 할 수가 없더라구요. 그 자그만 아이들 팔 다리에 또 코에, 온갖 주사와 의료기계 장치들… 저 아이들에게 왜 이런 일이 생길까. 일을 하러 갔다가 마음이 너무 아파서 같이 울다 온 적이 많아요. 돈으로 치유될 수 없지만 그래도 저 아이들은 부모가 보험을 들어놔서 치료를 받을 수 있는데 어떤 아이들은 치료비가 없어서 가장 기본적인 치료도 받지 못하고 나가는 경우도 많이 봤어요. 아이를 둔 같은 부모로서 저도 정말 가슴이 찢어지는데 그 부모들은 오죽했을까요.

고객 이렇게 듣는 저도 눈물이 나네요. 그 백혈병에 걸린 아이는 보험이 있는 거죠?

나 아니요. 그 아이는 보험이 한 건도 없다고 해요. 아이 엄마가 보험회사에 사무직으로 잠깐 근무했는데 그때 임신을 했고 억지로 어린이보험 한 건을 가입했다가 필요도 없을 것 같아서 중간에 해지를 했다고 해요. 자신의 가족 모두 병치레 한 적도 없고 건강에는 자신을 했으니 필요 없다고 생각했던 거죠. 지인이 제게 했던 말이 참 잊혀지지 않네요. "앞으로 이 아이가 평생을 무보험자로 살아가야 한다는 사실…이 가장 가슴이 아픕니다"라고 했거든요.

고객 백혈병 걸리면 보험에 가입할 수 없나요? 치료가 다 끝나고도요?

나 네. 보통 질병이 있다 하더라도 완치가 되고 나면 가입할 수 있는 보험들이 있기는 한데요. 백혈병이나 암 같은 큰 병에 진단된 아이들은 가입이 거의 어렵습니다. 그리고 또 다른 사고나 질병이 자주 생기다 보니 보험가입조차 쉽지 않고요.

고객 무조건 태아때 한 건이라도 가입을 해놔야겠군요.

어린이보험 마케팅

　　 아이를 위한 보험을 가입할 때 엄마 고객은 여러 가지를 망설입니다. 그러나 시장이 아무리 어려워도, 심지어 내 보험이 없어도 태아보험은 가입해야 합니다.

아이를 낳고 나서 보험에 가입해야지 하는 엄마들도 있는데요. 물론 아이를 낳고 가입해도 됩니다. 보험사는 늘 어린이보험 상품을 정기적으로 업그레이드 하면서 언제나 가입할 수 있도록 문을 열어두고 있으니까요. 문제는 임신에서부터 출산까지 기형아 출산이나 유산과 같은 예기치 못한 사고들이 일어날 수도 있다는 데 있어요. 태아보험에 가입하는 이유가 여기에 있습니다. 보험으로 모든 위험을 막을 수는 없지만, 어느 정도 대비책은 될 수 있으니까요.

선천적 질병이나 미숙아로 태어나 인큐베이터에 있었던 이력이 있다면, 왠만한 보험사의 어린이보험은 가입이 녹록치 않습니다. 최소 2~5년의 기간이 지나야 하고 심지어 병력에 따라 아예 가입조차 못할 수도 있습니다. 아이가 어릴 때일수록 각종 사고의 위험도 높고 질병에 대한 면역력도 약해 자주 아프기도 합니다. 그런데 이미 아픈 이력이 있다면 향후에 가입이 어렵습니다.

따라서 다양한 보험금 지급 사례 등을 고객과의 면담시에 자연스럽게 스토리텔링으로 얘기를 꺼내어 니즈를 이끌어내야 합니다. 요즘 같은 시대에 예비엄마들이 아이를 위해 모든 것을 다 준비해 놓은 것처럼 보이지만 아이 엄마나 가족들이 건강하여 병치레를 해보지 않았다면 보험 가입의 필요성을 못 느끼는 분들이 의외로 많습니다. 태어날 때의 사고와 유산, 선천적 질병에 대비해 태아보험에 가입한다지만, 한 번 아프면 어린이보험조차 가입이 어렵기 때문에 반드시 태아 때 가입을 하는 것이 아이를 위한 부모의 현명한 선택입니다.

양가 부모님이
병중이라면?

고객 팀장님, 저 곧 결혼해요~.

그런데 시아버님이 몸이 안 좋으세요. 2년 전 뇌경색으로 쓰러지신 후 한 쪽 몸이 불편하신데 이번에 또 응급실에 실려가셨어요. 남편 형제가 둘인데, 남편이 장남이라 저희가 모실 일이 많을 듯해요. 별로 넉넉하지 않은 집이라 좀 걱정이 되네요. 사실 열심히 벌어서 병원비로 다 나가면 어쩌지 싶기도 하고 좀 심각하게 고민이 돼요.

나 아, 계장님. 저도 그 부분 많이 공감해요. 남 일 같지 않네요. 저희 시어머니도 저희 결혼 후 갑자기 암진단 받으셔서 병원비로 정말 많이 나갔거든요. 그래도 다행인 건 옛날에 가입해놓은 70세 만기 암보험이 있어서 거기에서 치료비 일부를 해결할 수 있어 천만다행이었어요.

고객 그래서 말인데요. 저… 시부모님이 가입할 수 있는 보험은 없을까요? 사실 시아버님이 저렇게 편찮으시니 마음이 더 급해지네요. 두 분 다 가입할 수 있는 보험이 있을까요? 시아버님은 뇌경색 진단을 받아서 가입할 수 있는 보험은 없죠? 시어머님이라도 가입을 해두어야 할 것 같아요.

나 계장님, 시아버님이 뇌경색 진단을 받으셔서 아시는 것처럼 일단 실손의료비보험 가입은 어려우세요. 그런데 암보험이나 유병자들을 위한 보험은 가입이 가능합니다. 암보험은 뇌경색과 인과관계가 없기 때문에 가입이 가능하세요.

최근에 각 보험사에서 출시되어서 인기를 끌고 있는 게 바로 아프신 부모님들을 위한 보험인데요, 일반적인 보험 가입 시 청약서상 묻는 질문이 대폭 줄어 크게 3가지 질문만 통과하면 가입이 가능해요. 3개월 이내 입원 · 수술 · 추가 검사의 필요 소견을 받았는지, 2년 이내 질병이나 사고로 입원 또는 수술을 했는지, 5년 이내 암으로 진단 받거나 암으로 입원 또는 수술을 받은 적이 있는지 물어요. 만약 '아니오'에 해당하면 간편심사보험에 가입이 승낙이 됩니다. 그리고 보통 고혈압이나 당뇨 등 만성 질환자들이 보장성 보험에 가입하려면 일단 서류제출이 필수인데, 간편심사보험은 서류제출이 없고, 건강검진을 받지 않고도 가입이 가능한 게 좋은 점이에요.

고객 보통 질병이 있으면 보험을 안 받아주던데, 받아주는 거라면 보험료가 엄청 비싼 거 아닌가요?

나 말씀하신 대로 질병이 없는 분들과 똑같은 보험료를 내게 한다면 형평성에 맞지 않으니 똑같은 보험료를 받지 않는 건 맞아요. 그런데 계장님이 생각하시는 것처럼 보험료가 몇 만원씩 더 비싸거나 하지는 않아요. 보장을 어떻게 설계하느냐에 따라 다르지만 보통 몇 천원 정도 더 낸다고 생각하시면 돼요. 몇 천원 더 내더라도 보장을 아예 못 받는 것 보다는 훨씬 나은 거죠. 그리고 암만 가입하는 보험에서는 만약 고혈압, 당뇨가 없다면 납입보험료의 일부를 할인해주는 경우도 있어요. 내리사랑이라는 말로 우리는 부모님의 사랑을 당연시 생각하고 살아가죠. 부모님이 자식에게 해준 만큼은 다 못하더라도 하루 커피 한 잔 값 정도 아끼면 만약을 대비한 실버보험 하나 선물할 수 있어요. 이번 설에는 부모님을 위한 의미 있는 보험 선물 하나 준비해보세요.

고객 그야 당연히 가입 안 하는 거 보단 낫겠죠. 안 그래도 명절선물로 뭘 준비해야 할지 생각하고 있었어요. 그럼, 두 분 꺼 가입이 가능한 걸로 설계 좀 해봐주세요.

긍정이 항상 답은 아니다

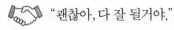 "괜찮아, 다 잘 될거야."

힘든 시대를 함께 살아가는 우리에게 많은 위로가 되는 말입니다. 그러나 이건 어디까지나 힘든 고난이 닥쳤을 때 우리의 정신을 다 잡고 이겨내기 위한 하나의 극복처방의 말일 뿐입니다. 미래의 모든 일이 잘 풀릴 거라고 믿는 대신에 스스로 문제를 해결해야 함을 잊어서는 안 됩니다. 무조건적인 낙관주의가 오히려 역효과를 불러올 수도 있습니다.

미래의 삶을 위해선 때로는 부정적인 사고도 필요합니다. 우리나라 국민이 평균수명까지 산다면 암에 걸릴 확률은 3명 중 1명! 그러나, 암에 걸릴 거라고 예상하는 사람은 아무도 없습니다. 보험의 필요성, 니즈 환기를 할 때 우리는 고객과 부정적인 요소로 대화를 시작합니다. 보험은 위험이라는 불확실성의 요소를 가지고 만들어졌기 때문이죠. 그래서 '위험이 있는 곳에 보험이 존재한다'는 말도 있습니다.

그 위험에 대해서 어떻게 공포감을 조성해서 대화를 시작할 것이냐, 어떻게 위험에 대한 대비책을 보험의 필요성으로 이끌어낼 것이냐가 고객과의 대화에서 관건이 되겠죠. 그렇다고 과도한 공포를 조성한다면 고객이 거부감을 느낄 수 있으니 조절하면서 멘트를 연구해보시기 바랍니다.

CHAPTER 5

직장인
보험금 마케팅

1. 가장이 오랫동안 병원에 누워 있다면?
2. 전문직이지만 빨리 은퇴한다면?
3. 회사에서 가입해준 보험으로 병원비는 해결되는데요

001

가장이 오랫동안
병원에 누워 있다면?

나　부장님, 시간 내주셔서 감사합니다. 건강은 괜찮으시죠?
지난번 장염으로 입원하신 건 다 나으셨어요?

고객　새로 사업을 확장하고 무리를 했더니, 결국 몸으로 나타
나나 봅니다. 30대 때 충수염 수술 말고는 입원 한 번 한
적이 없는데, 별거 아닌 장염으로 입원을 하게 되네요.

나　나으셔서 다행이에요. 젊을 때 건강 잘 챙기셔야 합니다.

고객　네, 사실 이번에 입원하면서 여러 가지 생각이 들었어요.
주말까지 일에 매달려서 내 몸 하나 돌보지 못하다가 이
렇게 한 번에 몸에 이상이 오니까 좀 두려워지기도 하고
이제 건강을 챙겨야겠구나, 가족들 얼굴이 아른거리기도
하고…. 별거 아니었는데도 입원한 며칠 동안 많은 것을
바라보게 되더군요.

나　맞아요, 많은 분들이 건강을 자신하고 있다가 한 번 아프

고 나면 건강과 가족에 대해서 생각하는 기회를 갖게 되시더라고요. 저 역시 그랬고요. 내가 만약 이렇게 오랫동안 누워 있게 되면 가족들은 어떻게 되는 건가 하는 생각도 많이 들었답니다. 부장님도 그런 생각이 드셨을 거 같은데요.

고객 그러게요. 입원하고 4일 정도 되니 그런 생각들이 들면서 머리가 복잡해지더라구요. 이 가벼운 장염 가지고 별의별 생각이…. 아무래도 병원에 있다 보니 옆 환자들 얘기도 듣게 되고, 어떤 분은 신장이식하고, 병원에 거의한 달에 한 번꼴로 입원하는 분도 있었고, 어떤 사람은 뇌출혈로 꽤 오랫동안 입원해 있는 환자도 있더라구요. '나는 저렇게 되지 말아야지' 생각했습니다.

나 맞아요, 부장님. 병원에는 다양한 질병과 사고로 입원하는 사람들이 많다 보니 여러 가지를 더 깊게 생각하는 계기가 되기도 하죠. 아프지 말고 건강해야지가 우선이고 내가 저런 환자들처럼 오랫동안 입원하게 되면 가족들의 생계는 어쩌나, 병원비며 생활비를 누가 책임지나, 결국은 와이프가 해야 하는데 결혼 후 직장생활 그만둔 아내가 당장 무슨 일을 할 수 있을까? 간병은 어쩌나… 하는 생각이 들게 되죠.

고객 아유, 생각하기도 싫습니다.

나 부장님, 제가 아는 분은 실제 그런 경우가 있었어요. 3년 전이었는데, 남편의 종신보험을 가입하시겠다고 소개 받은 고객님이었는데, 보험이 하나도 없어서 실손의료보험부터 건강보험, 종신보험을 가입하셨어요. 그런데 이 분이 어느 날 허리가 아파서 검사를 받으러 갔다가 말기신부전 진단을 받게 된 거죠.

말기신부전은 최근 노령화와 고혈압, 당뇨 등의 환자가 많아지면서 발병률이 높아지고 있는 병인데요. 잘 관리하지 않으면 투석치료나 신장이식을 해야 합니다. 거의 신장이식이 유일한 방법이라고 할 수 있어요. 이런 경우 보험료도 납입면제가 됩니다. 안 그래도 더 이상 직장생활을 못하게 되었던 터라 보험료 납입은 꿈에도 생각하지 못하고 있었는데, 진단비 받고 바로 납입면제가 되어 보험료는 안 내고 보장은 그대로 받게 되었죠.

납입면제를 받게 되는 경우는 종신보험에서는 동일한 재해 또는 재해 이외의 동일한 원인으로 인해 50% 후유장해 상태에 이르게 된 경우인데요. 동일한 재해란 한 번의 사고를 말하고, 재해 이외의 동일한 원인이라는 것은 쉽게 하나의 질병을 의미합니다. 하나의 사고, 하나의 질병으로 후유장해가 50% 이상 남는다면 납입면제가 된다는 뜻입니다. 예를 들어 한 쪽 눈을 실명하게 된 경우는 50%의 장해지급률에 해당되구요. 녹내장이나 당뇨로 인한 합병증으로, 또는 사고로 인한 실명도 이에 해당해요. 장기이식이나 혈액투석의 경우에도 납입면제가 가능하답니다. 또한, 장기의 일부를 절제하는 수술도 포함하구요.

고객 그렇다면 생각보다 납입면제 받을 수 있는 경우가 좀 있겠는데요? 종신보험에서만 되나요?

나 아닙니다. 부장님이 가지고 계신 지난번에 가입한 건강보험도 납입면제 가능이 있구요. 지금 보시는 이 암보험도 암진단이 됐을 때 이후의 보험료가 납입면제가 되는 보험입니다. 이 보험에 가입하고 만약 5년 후 암에 걸린다면 월보험료 6만원 × 15년 = 10,800,000원을 안 내시는 거고 보험금은 그대로 받으시는 겁니다.

고객 아프지 않는 게 가장 좋겠지만, 혹시 아프더라도 이런 납입면제 기능이 있다니 꼭 알아둬야겠어요.

군중심리, 밴드왜건 효과

심리학에 '밴드왜건 효과'라는 것이 있는데요. 밴드왜건 효과는 군중이 모이면 나도 가야지 하는 마음이 드는 것을 말합니다.

미국 사우스캐롤라이나 대학의 피터 레인겐 교수가 재미있는 실험을 했는데요. 사람들에게 단순히 '심장병 환자를 위한 기부모금에 참여해달라'고 부탁했을 때는 25%만 참여했고 8명의 가짜이름과 성별이 적힌 목록을 보여주며 "이미 이 분들이 모금에 참여했는데 당신도 기부하시겠습니까?"라고 했을 땐 43%나 기부했다고 합니다.

사람은 누구나 '남들이 하니 나도 해야지' 하는 마음이 들어 생각도 안 하고 있다가 따라하는 경우가 많다고 합니다. 가입을 망설이는 고객에게 이런 화법으로 마무리해보세요.

"고객님, 고객님 나이대의 많은 분들이 이 보험을 선택하셨습니다. 보험료는 평균 6만원대로 가입하셨구요. 지난번 고객님을 소개시켜주신 그분도 같은 보험을 선택하셨답니다. 여기에 싸인하시면 됩니다."

002

전문직이지만
빨리 은퇴한다면?

나 원장님, 잘 지내셨어요?

원장님께서는 부동산도 많으시고 현금자산도 제법 되니 나중에 은퇴하시고 여유롭게 노년을 보내고 싶으실 것 같아요. 물론 자제분에게도 물려주시고요~.

고객 하하, 뭐 그렇죠. 누구나 다 그런 마음이지 않겠습니까.

나 그래도 다른 분들과 달리 의사라는 전문직을 갖고 계시니 정년이라는 게 특별히 없으실 것 같은데요. 일반회사에 다니는 평범한 직장인들은 요즘 40대 초반부터 은퇴 후를 준비하는 사람들이 많거든요. 운이 좋아 임원급까지 간다고 해도 50대 중반까지가 근무할 수 있는 최고 나이라고들 하시더라구요. 원장님은 많은 분들이 부러워하는 일을 하시고 계신 겁니다. 제가 보기엔 100~120세까지도 끄떡없으실 거 같은데요.

고객 정년이 없는 것은 사실이지만, 우리 같은 전문의사도 나이가 들면 사실 현직에서 오래 있기가 쉽지는 않아요. 저 같은 외과의사의 경우, 손이 생명인데 나이 들면 손의 움직임도 둔해지니 보통 60~70세 전에는 은퇴를 많이들 하죠. 또 한번 아프면 그 전에 은퇴하기도 하고.

나 원장님은 언제까지 일을 하실 수 있을 것 같으세요?

고객 나야 지금 고혈압도 있고 요즘 여기저기 아파서 아마 십 년 후쯤? 은퇴하려고 해요. 그때쯤이면 자식들 다 결혼할 테니 저도 쉬면서 여행이나 다니려고 해요.

나 다들 로망이죠. 은퇴 후 여행 다니면서 사는 거요. 저도 그러기 위해 열심히 준비하고 있는데요. 사실 많은 분들이 자녀들 학비에, 결혼자금에 당신들 은퇴자금은 꿈도 못 꾼다고 합니다. 그렇게 자식에게 다 쏟고 나면 정말 은퇴 후는 요즘 매스컴에 자주 등장하는 '노후파산'이라든지, '메디푸어'가 된다고 하네요. 노후 의료비와 은퇴 자금을 모두 같이 준비해야 하는 시대가 되었어요.

원장님은 그래도 어느 정도 재산의 여력이 되시니 샐러리맨들에 비해 훨씬 나으십니다. 다행입니다.

건강보험은 지난번에 준비 부탁드렸던 대로 가져오셨죠? 봐드릴게요.

고객 자, 여기 있어요. 그런데 이건 왜 굳이 보자고 한 거죠? 오래 전에 가입해서 기억도 못하고 있었어요.

나 원장님, 예전에 건강보험을 가입해 놓으신 거는 정말 잘하신 거예요. 사실 50~60세 되도록 건강보험 하나 없으신 분들이 정말 많거든요. 원장님 세대만 해도 자식들 뒷바라지하고 먹고 살기 바쁘다며 자신의 노후관련이나 보험은 생각지도 않고 사셨죠. 저희 부모님 세대도 마찬가지고요. 결국 아프면 자식에게 폐만 끼치는 꼴이 되는 현실이 되어버렸어요. 부모님 세대만 해도 평균수명이 60~70세였는데 지금은 여성 평균수명이 83.4세라죠.

오래 살게 되면 결국 아플 수 있는 기간이 길어지고 의료 치료기간이 길어진다는 말이기도 한데요. 얼마 전에 제 지인이 병원에 입원했는데 옆자리에 계신 분이 70대 후반 할아버지였어요. 그런데 간경화가 왔고 아내랑 아들이 하나뿐인데 아들이 여력이 안 되니까 부인이 눈치를 보다가 의사에게 치료를 안 받겠다고 그냥 이대로 집에 가겠다고 하더랍니다. 실손의료비만 있었어도 어느 정도 치료를 받는 건데 치료비가 없고 아들 눈치 보이니까 그만 생명을 놓은 거죠. 실손보험이라도 갖춰놓지 않으면 정말 가족에게 자식에게 민폐만 되는 거죠.

원장님 꺼 한번 봐드릴게요.

고객 난 보험은 예전에 여러 개 가입해둔 게 좀 있어서 걱정 없어요. 굳이 안 봐도 되는데…. 이미 여러 설계사들이 사실 요청했었는데, 내가 보여준 적은 없어요. 근데 팀장님은 뭔가 좀 신뢰가 가네요.

나 원장님, 가입하신 걸 살펴보니 실손보험은 없으시네요. 그리고 진단비 보험은 잘해두시긴 했는데, 옛날에 가입하신 거라 그때 평균수명에 맞추다 보니 만기가 거의 다 60~70세로 되어 있어요. 일단 만기가 짧아서 추가로 100세 보장 진단비로 실버상품 저렴한 거로 가입하시는 게 좋겠고요. 무엇보다 실손보험은 반드시 있으셔야 해요. 물론 원장님은 재력이 되시니 걱정이 조금 덜하시겠지만, 사실 잘 아시는 것처럼 큰 병 치료비에 보험이 없다면 내 돈 모아놓은 것으로 충당해야 하니, 그게 가장 아깝죠. 막상 돈이 치료비로 다 나간다고 생각하면요. 원장님이 추가로 더 가입을 하신다고 해서 제가 큰 돈을 벌지는 않아요. 원장님께서 노후를 좀 더 든든하게 계획하신다면 반드시 필요한 부분이니, 제가 마음에 안 드시더라도 꼭 다른 분한테라도 추가로 챙겨두셔야 합니다.

감성을 건드릴 한 마디 1

 현대자동차가 미국 시장에 진출했을 때 많은 고민을 하죠. '이미 자동차시장이 포화된 미국에서 어떻게 하면 자리를 잡을 수 있을까' 오랜 고민 끝에 현대자동차는 이렇게 광고를 합니다.

"실직하면 판매한 차를 되사드리겠습니다!"

프로모션도 소비자가 처한 상황을 감성적으로 이해하고 단순히 물건을 팔기보다는 실질적인 도움을 준다는 느낌을 주어 현대자동차는 미국 시장에서 자리 잡을 수 있었습니다.
단순히 물건만 판다면 "돈이 없다면 다시 파세요" 라고 할 수도 있었지만 "실직하면" 이라는 말을 사용하여 고객이 처한 상황을 감성적으로 풀어낸 거죠.

이제는 고객의 소리를 듣고 고객에게 실질적 도움을 주는 감성 마케팅이 필요한 때입니다.

회사에서 가입해준 보험으로
병원비는 해결되는데요

나   과장님, 여행 잘 다녀오셨어요?

날씨도 정말 좋던데 가족과 함께 오랜만에 좋은 추억 만드셨겠네요.

고객   네, 정말 오랜만에 해외여행 다녀왔어요. 아이들이 크니까 가끔 필요한 것 같아요. 요즘은 해외 나가는 게 그리 대수롭지 않죠. 저희 어릴 때와는 많이 달라졌어요.

나   그렇죠. 요즘 많이 좋아졌죠. 원하면 얼마든지 다녀올 수도 있고요.

고객   그런데, 날씨도 좋고 물가도 비싸지 않고 교통도 편리하고 다 좋았는데, 저희 아이가 아파서 좀 고생했어요. 갑자기 열이 나고 복통이 생겨서 근처 병원에 가서 치료받고 했네요. 다행히 큰 이상이 없었는데. 병원비가 만만치 않게 나왔더라구요. 그래서 돌아와서 보험사에 병원비를 청구했는데 여행자보험에서 받으라며 보험금이 안 나왔어요. 아니, 제가 가입한 실손보험에서 나오는 게 맞는 거 아닌가요?

나   네, 2009년 10월 이후 가입한 실손의료비보험에서는 해외에서 발생한 의료비는 나오지 않아요. 그래서 가시기 전에 여행자보험에 가입하셔야 합니다. 대부분 여행사에서 가입을 해주고 있어요.

고객   아, 그럼, 혹시 회사에서 근무 중에 다치면 이것도 보험금 안 나오나요? 지난번 회사에서 단체로 가입한 단체보험에서만 나오나요?

나   아니요, 과장님. 그거와는 조금 달라요. 회사에서 다치면 단체보험에서 보장받으실 수 있어요. 업무 중 상해나 질병으로 만약 회사에서 가입해 둔 게 있다면 당연 되지요. 요즘 웬만한 회사에서는 업무상 발생하는 근로자의 부상, 질병, 장해 또는 사망을 보장하는 단체보험을 적극적으로 가입하는데요. 보통 회사에서 단체보험 가입할 때 실손보험과 상해 · 질병보험, 사망보험까지 가입을 해두어요. 물론 회사마다 다를 수는 있습니다.

고객   그럼 내가 가지고 있는 보험은 깨야겠네요? 굳이 뭐하러 중복으로 두나요. 회사도 내고 나도 내고. 돈이 두 배로 나가는데.

나 과장님, 돈이 일부는 중복으로 나가는 게 맞긴 해요. 그 런데, 단체보험만 믿고 있다가 낭패를 보신 분들도 있답 니다. 만약 이직을 하시는 경우에 단체보험만 믿고 있다 가 중간에 회사를 옮기는 과정에서 갑작스런 질병이나 사고가 발생한다면 어떻게 될까요? 물론 그런 일은 없어 야겠지만. 바로 이직이 되어 다른 회사에 입사하고 바로 그 회사의 단체보험에 가입해서 공백이 없다면 좋겠죠.

고객 아, 그거야 그렇겠지만 공백이 있는 동안 무슨 사고야 나 겠어요?

나 제 고객 중 한 분이 이직하는 사이에 바로 뇌출혈 진단을 받은 분이 계세요. 한 달 가량 공백이었는데 그 사이에 진단받고 다행히 개인적으로 가입해둔 실손보험이 있었 기에 그 막대한 치료비를 감당할 수 있었어요. 그분은 지 금도 제게 오히려 고맙다고 선물을 보내주세요.

고객 하필 재수없게 또 그럴 때 병이 왔데요. 전 그러지 말고 살아야죠.

나 그리고 퇴직 후에도 문제가 될 수 있어요. 요즘에는 회사 에서 단체보험을 가입하고 퇴직 시 원한다면 실손의 경 우 그대로 보장받으면서 보험료는 내가 내는 것으로 가지고 올 수 있긴 한데, 주로 회사에서 가입하는 건강보험은 상해에 포커스를 맞춰 가입시키다 보니 보장금액이 작고 질병 보장은 거의 없거나 부족한 경우가 대다수죠. 그리고 나중에 가입하려고 할 때 병력이 있다면 가입이 거절되는 경우도 많고요.

고객 요즘 사오정, 사오정 하니 그럴 수도 있긴 하겠네요. 그럼 저는 어떤 걸 추가하면 될까요?

당근의 말, 채찍의 말

말에는 당근같은 말과 채찍같은 말이 있습니다. 전문가의 말에 따르면, 인간은 긍정적인 말을 들으면 여유롭고 즐거워져 상대방이 어떤 자극을 줘도 당시의 심리상태를 잘 바꾸지 않는다고 합니다. 반대로 부정적인 말을 들으면 두렵고 불안해져 변화하고 싶어 한다고 하네요.

어떤 상품을 판매할 때 좋은 점만을 얘기해서 상대방의 마음을 움직이기 어렵다면 방법을 바꿔보는 것도 좋습니다. 이것을 구매하지 않았을 때의 손실에 대해 얘기한다면 상대방을 움직여 설득에 성공할 수 있습니다. 적당히 당근을 주고 또 채찍도 주는 방법이라고 할 수 있겠습니다.

CHAPTER 6

유병자(가족) 보험금 마케팅

001

몇 년 전부터 고혈압 약을
먹고 있는데요

고객   저희 어머니가 고혈압 약을 드시고 계시는데 암보험 가
입 안 되죠? 요즘 주위에 암 걸린 어르신들이 많아지다
보니 남 일 같지 않아요, 팀장님.

나   과장님, 그렇잖아도 요즘 암보험 문의가 굉장히 많아요.
실손의료보험을 기본 보험이라고 생각하듯이 요즘은 암
보험도 필수보험이라고 인식하는 분위기예요. 주위에
한두 분씩은 암환자이기도 하고요. 암보험은 실손보험
과는 인수하는 기준이 좀 달라서 실손보험에서는 거절되
었더라 하더라도 암보험은 승낙되는 경우가 많아요. 말
씀하신 고혈압도 암보험에서는 대부분 인수를 합니다.
고혈압은 암의 발생과는 관련이 없다고 보기 때문이죠.
다른 특약을 추가로 가입하는 경우는 달라질 수도 있겠
지만, 암보장만 가입하신다면 가능합니다.

고객 아… 그럼 되는 상품이 어떤 건가요? 혹시 딱 암진단비만 가입이 가능한가요?

나 상품은 선택하실 수가 있는데, 암진단비 말고도 추가로 원하시는 게 있으신 거죠? 일단 고혈압과 관련이 없는 특약들은 가능하십니다. 예를 들어 암진단비, 암통원비, 암입원비, 암사망, 암수술비 특약, 상해사망, 항암방사선치료비 등도 가능하고, 질병입원비, 상해입원비도 일정 제약조건을 걸면 가능합니다. 입원일당은 고혈압, 심장질환, 뇌질환관련 입원은 제외라든지, 아니면 일 2만원 이하로 제한을 걸 수 있고요. 당뇨 환자들도 암보험 가입해주는 상품이 의외로 많습니다.

당뇨와 암은 의학적으로 크게 관련이 있는 질병이 아니라고 생각해서 암보험 가입을 가능하게 해주는 건데요. 또 종신보험에서도 사망보장만 받는 부분도 가입이 가능하답니다. 다른 질병이 있어도 그 부분만 보장받지 않고 다른 부분은 보장받을 수 있게 가입할 수 있는 방법도 있으니 반드시 문의주세요. 더 많이 아플수록 보험을 가입할 수 있는 기회가 줄어드니 미리미리 덜 아프실 때 알아보면 이렇게 가능한 상품들이 있답니다.

우선, 어머니 암보험 먼저 가입설계서를 보여드릴게요.

어느 정도 보장받는 것을 원하세요?

고객 아무래도 암진단비 최소 3천은 있어야 하지 않을까요? 요즘 뉴스를 보면 간암은 5~6천씩 든다고 하던데 솔직히 6천을 받으려면 보험료가 꽤 비싸겠죠? 3천 정도 받고 암수술이나 그런 거 넣으면 얼마나 나올까요?

고객 대략 어머니 연세로 계산해 보면 4만원 정도 나오네요. 15년 갱신형 상품이시구요. 최대 100세까지 보장받으실 수 있습니다.

고객 갱신이라구요? 그거 보험료 계속 오르는 거 아닌가요? 안 오르는 걸로 해주세요.

나 과장님, 갱신형이라고 해서 다 나쁘지는 않아요. 장점도 있어요. 비갱신 상품과 갱신 상품을 잠시 비교해드리자면, 비갱신형 상품은 보장 기간 동안의 평균위험률을 가지고 보험료를 산출하고, 갱신형 상품은 갱신 시마다 매번 위험률을 반영하여 보험료를 책정하는 거예요. 보험료를 평균적으로 동일하게 내느냐, 아니면 정해진 시점마다 매번 달라진 보험료를 내느냐의 차이랍니다. 비갱신형은 나중에 내야 할 보험료를 미리 내는 형태이고, 갱신형은 처음에는 비갱신형보다 저렴하다가 나이가 들수록 높아지는 위험률을 계산하여 점차 많이 내는 형태라고 보시면 돼요.

고객 그러니까 계속 올라가는 거 아니냐구요. 나중에 감당 못 하면 어쩌나요?

나 지금 추세를 보면 암보험의 보험료는 오르는 게 맞을 거예요. 그런데 한참 후의 위험률을 생각해 보험료를 먼저 내는 비갱신형 상품에 가입한 사람은 어쩌면 억울할 수도 있어요. 소비자 입장에서 보면 비갱신형으로 가입하는 게 좋겠지만, 갱신형이라고 모두 안 좋은 것은 아니거든요. 보험료를 감당하기가 어렵다면 갱신형으로라도 가입하는 게 좋습니다. 적은 보험료로 가입할 수 있고 일부 암보험에는 납입면제 기능도 있어 진단을 받은 이후에는 보험료를 내지 않고도 보장을 쭉 받을 수 있기 때문에 갱신형 암보험(특약)도 특히 연세 있으신 분들에게는 적극 추천합니다.

고객 아, 팀장님 말씀을 듣고 보니 그렇네요. 비갱신보험이 보험료를 미리 내는 거라면 갱신형으로 가입하는 것도 생각해볼 만하네요. 아깝게 미리 낼 필요는 없으니까요.

나 다른 비교 하나 더 해드리면 의료실비는 1년, 일반 갱신형 특약은 3~5년 갱신에 비해 이 암보험은 비교적 긴 15년 주기 갱신으로 비갱신형 보험에 비해 대폭 저렴한 보험료로 보장받으실 수 있어요. 갱신형이라 싫다고 하시는 분들도 있으신데요. 비갱신형은 이 정도 보장받으시려면 6만원 이상은 족히 넘게 내셔야 합니다. 제 부모님이라면 저는 이렇게 가입시켜 드릴 겁니다. 연세가 있으실수록 암진단율은 더 높은데 사실 이 정도 보장을 해주는데 이 정도 보험료라면 친구들이랑 식사 한 번 하시는 비용도 안 되잖아요. 키워주신 부모님께 이 정도는 아무것도 아니죠.

고객이 얻게 될 이익은 무엇인가

상품을 통해 고객이 얻게 될 이익이 무엇인지에 초점을 맞춰서 상담을 하면 성사될 확률이 높아집니다. 마케팅의 귀재, 댄 캐네디는 고객을 첫 방문했을 때, "정말입니까? 어떻게 하면 되나요?"라는 반응을 이끌어내야 한다고 했습니다. 그러려면 철저한 준비가 필요합니다. 상담을 시작하는 시작과 끝까지 한마디 한마디를 연습하고 반복해서 외워야 합니다.

"큰병 걸렸을 때 돈 걱정 없이 자식 눈치 안 보고 치료 꾸준히 받고 싶지 않으세요? '내가 죽어야지' 하는 노인분들이 많지만 실제 병에 걸려서 그런 말씀하시는 분들 있나요? 병에 걸리면 누구나 다 더 살고 싶어 합니다. 그런데 현실은 치료비가 없어서 죽음을 택하는 분들이 많으시죠. 자녀들에게 자신의 병원비를 내달라고 할 부모는 거의 없습니다. 스스로 준비하셔야 합니다. 적어도 이 보험은 고객님의 걱정을 덜어드릴 수 있는 상품입니다."

지금 현재 고객이 가장 필요로 할 부분에 포커스를 맞춰 화법을 준비해보세요.

002

가족력에 간질환이 있어요

나   미호 씨, 어쩐 일로 먼저 연락을 주셨어요? 깜짝 놀랐어요. 무슨 일 있으신 건 아니죠?

고객   갑자기 뵙자고 해서 죄송해요, 팀장님. 다름이 아니라, 지난번에 간질환 얘기를 해주셨는데 다시 한 번 얘기 좀 해주세요. 사실 그때 말씀 못 드렸는데, 저희 남편 쪽이 다 간질환으로 돌아가셨거든요. 그래서 40세가 넘어가면서 저나 남편이나 불안한 마음이 있어요.

나   아, 그러셨군요. 그때 미호 씨가 무언가 머뭇거리는 것 같긴 했지만, 바쁘신 줄로만 알고 설마 생각도 못했네요.

고객   아니, 사실 그 얘기 듣고 불안한 마음이 있었던 차에 다시 곰곰히 더 생각하게 되었어요. 뭔가 준비를 더 해야 하지 않을까 하구요. 갑자기 여러 상황들이 상상되면서 순간 눈앞이 캄캄해지더라구요. 남편쪽 형제들이 젊은 나이에 간질환이 발병해서 치료비가 많이 나갔거든요. 남 일이 아니죠, 정말.

나 요즘 가족력 관련해서 문의가 많이 오네요. 사실 간질환 가족력이 있는 분들이 제일 무서워하는 게 간암인데요. 주위 환자분들 혹시 보셨으면 아시겠지만, 간암환자의 경우는 간의 조직검사를 못하는 경우가 많아요. 왜냐하면 조직검사 하다가 간부전으로 사망하거나 위험하기 때문인데요. 그래서 검사는 못하고 바로 간동맥화학색전술이라는 것을 많이 받아요.

고객 아, 맞아요. 간을 일부 떼어내는 수술을 하는 줄 알았더니 아니더라구요. 무슨 시술인가 한다고 했던 게 그건가 봐요. 그런데 보통 암에 걸리면 그 암덩어리를 떼어내야 하는 거 아니예요?

나 보통은 그렇죠. 그 악성종양을 떼어내는 것이 근치적 치료로 알려져 있는데요. 암의 병리학적 형태나 상황에 따라 그럴 수 없는 경우도 있어요. 간동맥화학색전술은 수술이 아니예요. 그래서 엄밀히 따지면 보험에서 암수술비 정의에는 포함되지 않습니다. 여기 보시는 약관에도 암수술비 특약에 대한 정의를 살펴보면 '암의 치료가 필요하다고 인정되는 경우로 암의 치료를 직접적인 목적으로 기구를 이용하여 생체에 절단, 절제 등의 조작을 가하는 것,' 이것은 암수술비 뿐만 아니라 약관의 수술비 특약 정의에 다 해당되는 말이기도 합니다. 따라서 흡인 천자 등의 조치 및 신경차단은 제외가 되고요.

간동맥화학색전술은 우측 허벅지의 동맥을 통해 항암제와 약물을 투여하여 혈관을 막아주는 방법인데요. 그러면 간의 악성 종양이 더 이상 그 혈관을 통해 영양분을 공급받지 못하기 때문에 종양 덩어리가 크지 않겠죠. 시술 대상자는 간의 종양이 여러 개인 환자, 간이식을 할 수 없는 중간단계의 경우 처음 치료로 시행받거나 초기 단계에서 종양의 위치 문제 등으로 고주파치료를 시행할 수 없는 경우 또는 간이식을 기다리는 환자에게 병기를 낮추는 목적으로 시행합니다.

고객 아, 사람마다 다를 수 있다는 거네요. 하긴 요즘에 치료 방법이 워낙 다양하니까. 근데 그러면 암수술비도 못받겠네요. 간암은 돈이 많이 들어간다 하길래 이번에 남편 암보험 들 때 암관련 특약은 다 넣으려고 했거든요.

나 원칙적으로는 암수술에 해당되지 않기 때문에 암수술비 특약으로 보험금이 안 나가는 게 맞아요. 그런데 요즘 말씀하신 것처럼 의학기술이 많이 발전되었고, 또한 부득

이하게 암수술을 못하고 그에 준하는 다른 대체 방법으로 치료를 하는 경우도 생기기 때문에 간동맥화학색전술은 암수술비에서 보험금을 지급하고 있습니다.

고객 그런가요? 그럼, 저희 남편 보험에도 특약을 골고루 넣어 주세요.

간암 화학색전술 [transarterial chemoembolization]

(자료: 서울대학교병원 의학정보)

간종양의 치료에 가장 많이 시행되고 있는 시술로, 간종양에 영양을 공급하는 동맥을 찾아 항암제를 투여한 다음 혈관을 막아주는 치료법이다. 혈관을 막지 않고 항암제만 직접 투여하는 경우도 있다.

간 조직은 두 가지의 혈관에 의해 산소 및 영양을 공급받는다. 하나는 소장 및 대장 등을 돌아나오는 문맥(portal vein)이라는 혈관이며, 다른 하나는 대동맥에서 직접 나오는 간동맥이다. 정상 간 조직은 주로 문맥에서, 종양 조직은 주로 간동맥에서 혈액을 공급받게 된다. 그러므로 종양에 영양을 공급하는 간동맥만을 선택하여 항암제를 투여하고 항암제 투여 후 혈관을 막게 되면 정상 간 조직은 크게 손상시키지 않으면서 종양만을 선택적으로 괴사시킬 수 있다. 이 치료법은 암의 진행 정도에 대해서는 크게 제한이 없기 때문에 적용 범위가 넓고, 심한 황달 또는 복수가 나타나지 않으면 시술이 가능하다. 1회의 치료에 필요한 입원 기간은 일주일 정도가 되며 부작용으로 복통, 구역질, 식욕 부진, 발열 등이 있기는 하지만, 대부분 수일 내에 가라앉는다. 간동맥 색전술은 다른 치료법에 비해 치료 대상의 제한이 적고 장점이 많기 때문에 지금까지 간암 치료율 향상에 가장 많이 기여하고 있는 방법이다.

고주파 열, 새로운 간암 치료법

(자료: 삼성서울병원 건강칼럼)

간암은 조기에 발견하여 수술로 절제하는 것이 아직까지는 최선의 치료법으로 알려져 있다. 그러나 간암 환자의 85% 정도는 이미 상당히 진행되어 수술을 받을 수 없는 경우가 많다. 따라서 그 때는 수술을 하지 않고 치료하는 방법을 선택할 수밖에 없다. 그 가운데 대표적인 치료 방법은 간동맥 화학색전술과 경피적 알코올 주입술이다. 그러나 이 시술은 3cm 크기의 간세포 암을 치료하기 위해서는 적어도 6회 이상 시술해야 하며, 2주 이상의 입원 기간이 필요하다.

최근 개발되어 임상 적용이 확산되고 있는 고주파 열 치료법은 앞서 얘기된 두 방법의 단점을 극복할 수 있는 치료법으로 떠오르고 있다.

고주파 열 치료법은 초음파를 보면서 갈고리 모양으로 생긴 여러 개의 전극이 부착된 바늘을 간종양 내에 삽입하여, 고주파를 통하여 간암 세포의 이온들끼리 충돌하여 순간적으로 고열이 발생되어 종양을 괴사시키는 방법이다. 수술이 힘든 원발성 및 전이성 간암에 효과가 뛰어나다. 현재는 임상 적용 초기 단계로 종양의 크기가 4cm 이내이며 종양의 개수가 4개 이내인 경우에만 시술하고 있으나 앞으로 동맥색전술과 병합할 경우 더 큰 간종양에도 시술이 가능하리라고 본다.

감성으로 팔아라

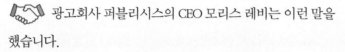 광고회사 퍼블리시스의 CEO 모리스 레비는 이런 말을
했습니다.

"이성적으로 물건을 사는 사람은 없다."

감성마케팅하면 스타벅스를 빼놓을 수 없죠. 그러나 이미 스타
벅스 이전에 감성마케팅은 시행되고 있었습니다.

추억 돋는 감성멘트들을 한번 볼까요?

"그녀의 자전거가 내 가슴속으로 들어왔다" (빈폴)

"초코파이는 정(精)입니다" (오리온 초코파이)

"여보, 아버님 댁에 보일러 놔드려야겠어요" (경동보일러)

요즘엔 시대에 맞게 "여보, 아버님 댁에 로봇 하나 놔드려야겠
어요"로 바뀌었더라구요.

이처럼 감성을 자극하는 문구들, 감성을 건드리는 인테리어,
상품 등 많은 아이디어가 곳곳에 이용되고 있습니다.

미국에서 한 가지 실험을 했는데요. 담배에 들어 있는 수백 가지 해로운 성분에 대해 과학적으로 분석하여 이성에 호소하는 광고와, 시체를 운반할 때 쓰는 시신운반용 포대를 10대들이 아무 말 없이 담배회사 밖에다 쌓아 올리는 광고를 보았을 때, 36%는 '담배를 더 피우고 싶다'고 응답했고 66%가 '담배를 덜 피우겠다'고 응답했다고 합니다.

이전 소비자들이 상품을 구매할 때 제품의 기능적인 부분에 중점을 두어 구매했다면 이제는 기능적 부분보다는 그 상품이 주는 감성적 부분에 이끌려 구매 여부를 결정하는 경우가 많습니다. 기억에 남을 '나만의 감성멘트' 야말로 타 영업인들과는 다른 경쟁력을 높여줄 것입니다.

003

갑상선 항진증(저하증)이 있어요

나   금희 씨, 요즘 무슨 일 있어요? 많이 피곤해 보이시는 데… 어디 몸이 안 좋은 건 아니시죠?

고객   사실, 요즘 그런 말 많이 들어요. 지난번에 몸살을 앓은 후 기력이 너무 없어서 병원에 갔더니 의사선생님이 갑상선 수치가 안 좋다며 약을 처방해주셨어요. 몇 달 야근하고 몸이 많이 축났거든요. 밥맛도 없고 커피만 마시며 버텼 는데, 이렇게 몸도 못 챙기고 뭐하러 소처럼 일만 했는지 몰라요. 소처럼 일하다가 소처럼 잡아먹힌다더니… 야근 밥 먹듯이 하다가 제 몸이 다 죽게 생겼네요.

나   지난번에 제가 그렇게 일하지 마시라고 말씀드렸잖아 요. 항상 일보다 내 몸이 먼저여야 한다는 거 금희 씨도 잘 아시면서요. 저도 그렇게 일하다가 몸이 많이 망가졌 어요. 그런데 아프면 누가 알아주나요. 가족에게도 민폐에요. 하다 못해 보험도 안 아플 때 가입해야 받아주지 아프고 나서 백번 가입한다고 알아봐도 쉽게 안 받아주잖아요.

고객 맞아요. 참, 저 보험 하나 가입하려고 하는데요. 갑상선 약 먹고 있는데 가입이 가능한가요? 이번에 검사받고 약값도 그렇고 생각보다 많이 나왔어요. 보험 하나 더 가입해야겠더라구요.

나 물론 가입 가능해요. 금희 씨, 그런데 갑상선 치료 받으신 내역 때문에 갑상선은 아마도 부담보로 가입되실 거예요.

고객 부담보요? 그게 뭔가요?

나 부담보란 피보험자가 보험계약 이전 질병이나 상해로 진단받았거나 치료를 받은 경우, 그 해당 부위에 대하여 보장을 제외하는 거예요. 피보험자의 상태에 따라 달라지고, 그에 따라 1~5년 또는 보험 전기간을 부담보 기간으로 정하는데요.

고객 아… 그러면 저는 갑상선까지 다 보장받는 거로 해서 보험료 더 내면 되는 거죠? 그렇게 가입하고 싶어요.

나 금희씨, 보험료를 더 내고 보장을 받으시는 계약방법도 있는데요. 그건 회사가 가입대상자를 심사하여 인수여부 결정을 하는 거라서 원한다고 다 되는 건 아니에요.

보험료를 더 내고 가입하는 것을 할증계약이라고 하는데 그런 경우는 보험회사마다 다르지만 중대질병의 경우나 상품에 따라 또 상품의 조립구조에 따라 기준이 다 달라서 심사를 받아보셔야 하구요. 만약 심사 후 할증보험료를 내시고 가입한다면 그 보험료가 만만치 않을 겁니다. 금희 씨가 가입하시려는 이 상품은 할증으로 가입은 안 되고 부담보로 계약이 가능합니다.

보통 부담보는 감기와 같은 가벼운 치료나 진단은 부담보로 계약하지 않고 계속적인 치료나 향후 재발이 예상되는 경우에 부담보를 설정하는데요. 부담보로 계약 후에는 그 기간 동안 보장을 받을 수 없어요. 만약 전기간 부담보라면 보험계약 전기간 동안 그 해당 부위나 질병은 보험금을 청구해봤자 소용없는 것이죠. 보통은 1년에서 5년, 또는 전기간 동안 그 부위나 질병에 대해서 보장받지 못하는 것으로 가입하게 되는데 전기간은 보험가입 기간 동안을 말하는 거예요.

고객 아, 그렇군요. 아프기 전에 가입했을 걸 그랬네요. 항상 아프고 나면 보험이 생각나나 봐요.

나 금희 씨, 그뿐만이 아니에요. 많은 분들이 다들 아프고 나서 '보험을 가입해둘걸' 하고 후회하시죠. 그러나 만약, 어쩔 수 없이 부담보 계약으로 가입했다고 하더라도 가입 후 5년 동안 그 해당부위나 질병으로 치료하지 않은 경우는 5년 이후 보험금 지급을 받을 수 있어요.

고객 정말요? 그럼 정말 다행이네요. 5년이란 기간이 길기는 하지만 그래도 5년 이후 부터는 가능하다니 부담보로 가입해도 가입 안 하는 거보다는 훨씬 괜찮은데요.

나 네, 당연하죠. 가입을 안 하는 것은 사실 최악의 경우 회사에서 못 받아준다고 했을 때만 그렇게 받아들이는 거구요. 부담보로 계약을 받아준다면 당연히 다른 것들은 보장이 가능하다는 뜻이니까 가입해야죠. 그런데 회사마다 부담보의 갯수에 제한을 두는 곳도 있으니 참고해야 하고, 과거 병력이 많아 여러 곳에 부담보를 설정할 수 없는 경우에는 가입이 제한될 수도 있어요.

또 하나 더 팁을 드리자면, 부담보를 거는 것은 질병에 대해 제한을 둔다는 의미라서 질병이 아닌 상해사고(재해)로 인한 보험금 청구의 경우에는 부담보와 관계없이 보장받을 수 있다는 것!!! 아주 중요한 내용이랍니다.

부담보 특별약관

(출처: H사 약관)

제2조 【특별면책(보험금을 지급하지 않는) 조건의 내용】

1. 이 특별약관에서 정한 보험금을 지급하지 않는 기간 중에 다음 각호의 질병을 직접적인 원인으로 보험계약에 정한 보험금의 지급사유가 발생한 경우에는 회사는 보험금을 지급하지 않습니다. 다만, 질병으로 인한 사망 또는 질병으로 장해분류표([별표1] 참조)에서 정한 장해지급률이 80% 이상에 해당하는 후유장해로 보험금 지급사유가 발생한 경우에는 그러하지 않습니다.

① [별표38] 가. (특정부위신체부위질병분류표) 특정신체부위에서 회사가 정한 지정한 신체부위(이하 특정부위)에 발생한 질병 또는 특정부위에 발생한 질병의 전이로 인하여 특정부위 이외의 신체부위에 발생한 질병(단, 전이는 합병증으로 보지 않습니다)

② [별표38] 나. (특정부위신체부위질병분류표) 특정질병 중에서 회사가 지정한 질병(이하 특정질병) 2. 제1항의 보험금을 지급하지 않는 기간은 특정부위 또는 특정질병의 상태에 따라 '1년부터 5년' 또는 '보통약관의 보험기간'(단, 보통약관이 갱신

계약인 경우 최초 계약일부터 최종 갱신계약의 종료일까지의 기간)으로 합니다. 그 판단 기준은 회사에서 정한 계약사정기준을 따르며, 개개인의 질병의 상태 등에 대한 의사의 소견에 따라 다르게 적용할 수 있습니다.

3. 제2항에서 보험금을 지급하지 않는 기간을 '보통약관의 보험기간'으로 지정한 경우 보험계약 청약일 이후 5년을 지나는 동안 제1항 제1호 또는 제2호의 질병으로 인하여 추가적인 진단(단순건강검진 제외) 또는 치료를 받은 사실이 없을 경우 보험계약 청약일로부터 5년이 지난 이후에는 보장하여 드립니다.

4. 제3항의 '보험계약 청약일로부터 5년'이라 함은 보통 약관에서 정한 계약의 해지가 발생하지 않은 경우를 말합니다.

5. 제1항의 규정에도 불구하고 아래의 사항 중 어느 한 가지 경우에 해당하는 사유로 보험계약에서 정한 보험금의 지급사유가 발생한 경우에는 보험금을 지급합니다.

① 제1항 제1호에서 지정한 특정부위에 발생한 특정질병의 합병증으로 인하여 특정부위의 신체부위에 발생한 질병으로 보험계약에서 정한 보험금의 지급사유가 발생한 경우

② 제1항 제2호에서 지정한 특정질병의 합병증으로 인해 발생한 특정질병 이외의 질병으로 보험계약에서 정한 보험금의 지

급사유가 발생한 경우

③ 상해를 직접적인 원인으로 하여 보험금의 지급사유가 발생한 경우

6. 피보험자가 회사에서 정한 보험금을 지급하지 않는 기간의 종료일을 포함하여 계속하여 입원한 경우 그 입원에 대해서는 보험금을 지급하지 않는 기간 종료일의 다음날을 입원의 개시일로 인정하여 보험금을 지급합니다.

7. 피보험자에게 보험사고가 발생했을 경우, 그 사고가 특정부위를 직접적인 원인으로 발생한 사고인지 아닌지는 의사의 진단서와 의견을 주된 판단자료로 하여 결정합니다.

강남부자 보험금 마케팅

001

상속을 대비할 수 있다고요?

나   대표님처럼 이렇게 부를 이루신 분들은 특별한 게 많으시더라구요. 그 얘기를 좀 듣고 싶습니다. 당연히 상속에 대해서도 준비해두신 거죠? 관리하시는 세무사님을 통해서 기본적인 건 들으셨다고 전해 들었습니다.

고객   상속이요? 기본적인 건 들었습니다만, 요즘 사실 상속에 대해서 생각중인데요. 제가 현금 자산도 있고 부동산도 있다 보니 어떻게 상속을 준비해야 하는지, 사람 일 모르니 저도 언제 어떻게 될지 모르는 거고, 텔레비전 보니까 준비하지 않고 가만히 있다가 자식들이 상속세 폭탄 맞았다고 하는 거 보니 걱정도 되구요.

나   대표님 정도의 자산가는 상속에 대해 미리 준비를 해두시면 좋습니다. 상속세에 대비한 여러 가지 플랜들이 있지만 국세청에서도 이런 분들을 위해 종신보험으로 상속세 재원을 마련하라고 적극 권유하고 있답니다.

고객 에이, 종신보험은 보험이지 무슨 상속플랜이 됩니까. 그 것도 죽어야만 나오는 보험 아닙니까?

나 대표님, 종신보험은 말 그대로 사망하면 나오는 보험이 맞습니다. 그래서 상속세 플랜을 짤 수 있는 겁니다. 대 표님 소유의 건물이 두 채 있으시죠. 그럼, 대표님이 돌 아가신다면 그 두 채의 건물은 자녀들이 상속받을 거고 그렇다면 상속받은 자녀들이 상속세를 물게 되겠죠? 예 를 들어 두 빌딩이 시가 40억이라고 하고 이에 대한 상속 세가 10억이라고 할게요. 그럼 고객님 자녀가 상속세를 내야겠죠. 그것도 현금으로요. 그런데 자녀분들이 지금 회사를 다니고 있는 상황에서 그 많은 돈을 어디서 구해 서 6개월 이내에 납부할 수 있을까요? 당장 그 돈을 못 내 면 상속을 못 받을 거고, 아마 건물을 급매처분해서 시가 보다 훨씬 싼 가격에 건물을 팔아서 상속세를 내야 할 겁 니다. 당연히 대표님은 자녀분들에게 그대로 남겨주고 싶지, 그렇게 급매처분해서 반가격도 안 되는 재산을 남 겨주고 싶진 않으시잖아요.

고객 아, 당연히 그렇죠. 그럼, 어떻게 해야 하는지 구체적으 로 알려주세요. 편법이거나 불법은 아닌 거죠?

네, 대표님. 전혀 그런 거 아닙니다. 법이 허용하는 가장 적절한 방법이고 많은 자산가들이 하고 계십니다. 국세청에서도 권유하고 있구요.

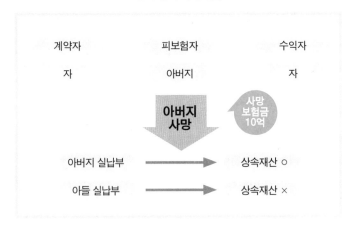

상속 증여 과세기준

상속세 및 증여세율

과세표준	세율	누진공제액
1억원 이하	10%	-
1억원 초과~5억원 이하	20%	1천만원
5억원 초과~10억원 이하	30%	6천만원
10억원 초과~30억원 이하	40%	1억6천만원
30억원 초과	50%	4억6천만원

상속세 계산구조

(자료: 국세청)

▶ **피상속인이 거주자인경우**

총 상 속 재 산 가 액	※ 본래의 상속재산(사망 또는 유증·사인증여로 취득한 재산) ※ 간주상속재산(보험금·신탁재산·퇴직금등) ※ 추정상속재산 - 피상속인이 사망전 1년(2년)이내에 2억(5억) 이상 처분한 　재산 또는 부담한 채무로써 용도가 불분명한 금액

－

비 과 세 및 과 세 가 액 불 산 입 액	※ 비과세 재산(국가·지자체에 유증한 재산,금양임야·문화재 등) ※ 과세가액 불산입재산(공익법인 등의 출연재산, 공익신탁재산)

공과금·장례비용·채무

사 전 증 여 재 산 가 액	※ 피상속인이 상속개시일 전 10년 이내에 상속인에게 증여한 　재산가액 및 5년 이내에 상속인이 아닌 자에게 증여한 재산 　가액(단, 증여세 특례세율 적용 대상인 창업자금 및 가업승계주식은 　기간에 관계없이 합산)

상 속 세 과 세 가 액

－

상 속 공 제	※ (기초공제+그 밖의 인적공제)와 일괄공제(5억) 중 큰 금액 ※ 가업(영농)상속공제·배우자 상속공제·금융재산 상속공제·재해 　손실공제·동거주택 상속공제 - 단, 위 합계 중 공제적용 종합한도 내 금액만 공제 가능

감 정 평 가 수 수 료	※ 부동산감정평가법인의 수수료 등

상 속 세 과 세 표 준

×

세 율	과세표준	1억원 이하	5억원 이하	10억원 이하	30억원 이하	30억원 초과
	세율	10%	20%	30%	40%	50%
	누진 공제액	없음	1천만원	6천만원	1억6천만	4억6천만

산 출 세 액	※ (상속세 과세표준 × 세율) - 누진공제액

＋

세대생략할증과세액	※ 상속인이나 수유자가 피상속인의 직계비속이 아닌 상속인의 　직계비속이면 30% 할증(단, 미성년자가 20억 초과하여 상속 　받는 경우 40% 할증) - 직계비속 사망시 예외

＋

세 액 공 제	※ 신고세액공제·증여세액공제·단기재상속세액공제·외국납부세액공제 　·문화재자료 징수유예세액

＋

신고납부불성실 가산세 등

－

연부연납·물납·분납

상 속 세 산 출 세 액

납 부 할 상 속 세 액

요즘 국세청에서도 상속세, 증여세 가지고 문제가 많으니 사실 모르시는 분들이 너무 많아서 국세청에서도 증여를 미리 해두고 절세하는 방법까지 친절히 인터넷에도 올려놓았는데요. 사실 누구나 해당하는 것은 아니고요. 사전 증여와 상속 중에 어느 것이 더 절세금액이 큰지 따져보셔야 해요. 상황에 따라서 증여가 상속에 비해 절세에 유리할 수도 있고 그 반대일 수도 있으니까요. 이건 고객님의 자산과 여러 가지 상황에 따라 달라서 모든 분들이 다 같을 수는 없구요. 참고로 사전증여시 10년 동안 증여내역을 합산하기 때문에 분산증여를 하셔야 하는데요. 받는 사람 별로 증여재산공제 10년 합산하여 과세한다는 의미라 증여로 인해서 상속세 합산과세를 피할 수 있구요. 10년 단위로 증여하면 되고 명의를 분산하는 게 좋으

증여세 계산구조

(출처: 은퇴설계전문가/한국FP협회)

| 증여재산 | − | 증여재산공제액 | = | 과세표준 |
| 과세표준 | × | 세율 | = | 산출세액 |

므로 여러 사람에게 나누어 증여하시는 게 가장 좋습니다. 일단 증여와 상속에 대해 기본적으로 말씀드릴게요. 증여는 살아계실 때 재산의 일부를 미리 가족들에게 주는 것을 의미하죠.

일단 상속이 개시가 되면 상속세를 줄일 수 있는 방법이 제한적입니다. 현재 우리나라는 상속개시시점의 유산총액에 대해서 누진세율을 적용하고 있습니다. 그래서 사전에 증여를 통해 재산을 최대한 분산하여 증여하는 것이 상속세를 절감하는 큰 방법이죠.

상속세율과 누진세율은 동일하고 사전증여를 통해 분산시키면 상대적으로 낮은 세율을 적용받을 수 있기 때문이죠.

상속세와 증여세 비교

(출처: 은퇴설계전문가/한국FP협회)

	상속세	증여세
과세방법	유산세 방식 • 피상속인의 모든 재산이 합산과세되나 공제폭이 큰 편	유산세 취득방식 • 수증자별로 나누어 과세하나 공제폭이 작은 편
공제 **(증여세는** **10년 한도)**	• 일괄공제 : 5억원 • 배우자공제 : 5~30억원 • 금융재산공제 : MIN(금융재산 × 20%, 2억원) • 가업상속공제 : 최고 500억원 • 동거주택상속공제 : 최고 5억원	• 배우자공제 : 6억원 • 성년자녀 : 5천만원 • 미성년자녀 : 2천만원 • 직계비속으로부터 받은 경우 : 5천만원 • 기타친족 : 1천만원

나   증여할 수 있는 부분은 증여 플랜을 활용하여 알맞게 증여를 하고 증여를 받은 사람은 증여를 받은 부분(현금, 부동산 등)으로 상속세 마련을 위한 종신보험을 가입한다면 상속세를 대비할 수 있습니다. 바로 법을 이용한 정당한 절세 플랜이지요. 많은 자산가들이 고민하고 어려워하는 부분이 바로 이런 부분입니다.

고객   에이, 그게 가능한가요? 보험가입 하라는 거네요. 결국.

나   대표님, 보험을 꼭 가입하시라는 게 아니구요. 보험을 활용하시라는 겁니다. 보험이 군이 아니어도 됩니다. 상속세 마련을 위해서 따로 준비하시고 있는 플랜이 있으시거나 그만한 자산을 선뜻 내셔도 상관 없으시다면요. 어차피 자산이 있으면 상속세는 피할 수 없고, 상속세를 덜 내고 재산을 그대로 물려주고 싶은 마음이실 텐데요. 왜 많은 자산가분들이 보험을 통해서 절세를 하시려는 걸까요? 가장 적절하기 때문이죠.

또 한 가지 중요한 다른 예를 들어볼게요. 앞에 잠시 말씀드렸듯이 종신보험은 사망 시에 보험금이 나가는 보험이죠. 만약 대표님께서 사전에 아드님께 1억을 증여하시고 난 후 아드님을 계약자, 수익자로 하고 피보험자를 대표님으로 하는 종신보험에 가입했다고 해볼게요. 여기서 중요한 건 아드님께서 증여받은 1억원으로 보험료를 내야 한다는 점입니다. 예를 들어 대표님의 자산을 총 계산하고 대략적인 상속세를 계산했더니 20억이라고 할게요. 그럼, 대표님이 사망하시면 20억이나 그 이상의 사망보험금이 나오는(보험료의 여력에 맞게, 증여받은 현금) 종신보험으로 최대한 가입기간은 늘려 가입하시면 되는 거죠. 그러면 아드님은 1억원을 안전하게 증여받고 또 고객님의 자산도 안전하게 물려받게 되는 거죠. 이런 경우에는 계약자와 수익자가 반드시 아드님이 되어야 하고, 보험료도 아드님이 내셔야 하는 거는 알고 계시죠?

고객 이렇게 하는 방법도 있군요. 그동안 시원하게 설명해주는 설계사가 없었네요. 가입해둔 종신보험이 작게 있기는 한데, 수익자와 계약자도 바꾸고 보험 점검을 한번 해봐야겠어요. 이런 것도 전부 상속세가 부과될 수 있겠네

계약자	피보험자	수익자	보험사고	과세
모	부	모	만기시	증여세 ×
			부 사망시	상속세 ×
자 (보험료납부×)	부	자	만기시	증여세 ○
			부 사망시	상속세 ○
자	부	자	만기시	증여세 ×
			부 사망시	상속세 ×

요. 진작 알았더라면 알맞게 가입했을 텐데요.

나 지금부터 제가 도와드리겠습니다. 대표님처럼 보험도 여러 개 갖고 계신 분들은 여러 가지 상황을 살펴서 잘 아는 한두 분께 쭉 재무점검을 받으셔야 합니다. 아니면 뒤죽박죽, 오히려 세금이 늘어날 수도 있어요. 아무 준비 없이 계시다가 덜컥 많은 자산을 남기고 사망한다면, 생전에 어렵게 일궈놓은 많은 자산을 자녀와 배우자에게 제대로 고스란히 물려줄 수도 없고 물려준다 해도 유가족들이 당장 많은 자산에 대한 상속세를 마련하느라 급하게 부동산을 처분하여 재산이 공중에 흩어지는 경우가 생기는 거죠. 자수성가하셔서 이렇게 번듯한 회사를 키워내셨지만 이 회사까지도 순식간에 급매처리를 해야 하는 경우가 생길 수도 있습니다. 대표님도 당연히 그런 절차를 밟고 싶지는 않으시죠?

(자료: 국세청)

기본세율 (수증자가 거주자이고 일반증여재산인 경우)

| 증 여 재 산 가 액 | ※ 국내외 모든 증여재산으로 증여일 현재의 시가로 평가 |

| 비 과 세 및 과 세 액
불 산 입 액 | ※ 비과세(사회통념상 인정되는 피부양자의 생활비, 교육비 등)
※ 과세가액 불산입재산(공익목적 출연재산 등) |

| 채 무 부 담 액 | ※ 증여재산에 담보된 채무인수액(임대보증금, 금융기관채무 등) |

+

| 증 여 재 산 가 산 액 | ※ 당해 증여일 전 동일인으로부터 10년 이내에 증여받은 증여
재산가액의 합계액이 1천만원 이상인 경우 그 과세가액
- 증여자가 직계존속인 경우 그 배우자 포함 |

증 여 세 과 세 가 액

증 여 재 산 공 제 등

※ 수증자가 **다음의 증여자**로부터 증여받는 경우 적용

증여자	배우자	직계존속		직계비속	기타친족*
공제 한도액	6억원	5천만원 (수증자가 미성년자인 경우 2천만원)		5천만원	1천만원

• 6촌이내 혈족 및 4촌이내 인척
- 위 증여재산공제 한도는 10년간의 누계한도액임

| 감 정 평 가 수 수 료 | ※ 부동산감정평가법인의 수수료 등 |

증 여 세 과 세 표 준

×

세 율

과세표준	1억원 이하	5억원 이하	10억원 이하	30억원 이하	30억원 초과
세율	10%	20%	30%	40%	50%
누진 공제액	없음	1천만원	6천만원	1억6천만	4억6천만

| 산 출 세 액 | ※ (증여세 과세표준 × 세율) - 누진공제액 |

+

| 세 대 생 략 할 증 과 세 액 | ※ 세대생략 증여시 30%할증(단, 미성년자가 20억원을 초과하여
수증한 경우 40% 할증)
- 직계비속 사망시 예외 |

| 세 액 공 제 등 | ※ 신고세액공제·납부세액공제·외국납부세액공제·박물관자료 징수
유예세액 |

신 고 납 부 불 성 실 가 산 세 등

| 연 부 연 납 · 분 납 | ※ 물납 불가 |

납 부 할 증 여 세 액

고객과의 첫 대면 연습

 세계적인 심리학자 대니얼 골먼이 쓴《EQ 감성지능》을 보면, 비언어적 커뮤니케이션을 효과적으로 읽고 대응하는 사람이 그렇지 않은 사람보다 훨씬 더 크게 성공하는 사례가 나옵니다. 비언어적 커뮤니케이션은 '몸의 언어'라고 불리며 우리의 생각과 감정, 느낌 등의 마음 상태를 보여줍니다. 이것은 무의식중에 일어나므로 때로는 실제로 하는 '말'과는 반대일 수도 있죠.《FBI 행동심리학》의 저자 조내버로는 "상대방이 호감을 보이는지 판단하려면 악수하고 기다려라"라고 했습니다. 악수를 하고 보이는 행동으로 상대방의 심리 상태를 파악할 수 있다는 말입니다.

악수를 하고 상대방이 그 자리에 있다면 그 거리에서 편안함을 느끼고 있다는 뜻이고, 한 걸음 물러선다면 더 많은 공간을 필요로 하거나 다른 곳에 있고 싶어 한다는 의미라고 하네요. 또한 걸음 더 다가온다면 상대가 나를 편안하게 느끼고 호감이 있다는 것을 의미한다고 합니다.

따라서 고객과의 첫 대면에서부터 어떻게 호감을 가지고 끌고 갈 것인지에 대해 연습을 많이 해보고 대처하는 게 좋겠습니다.

002

사장님의 필수 보험

나   사장님, 엊그제 화재뉴스 보셨어요?

고객   아, 왕십리에 있는 상가건물에 화재 난 거요? 어휴, 거긴 정말 크게 불이 났더라구요. 그만하면 재산피해가 어마어마할 텐데, 식당도 크던데요. 그래도 사람이 많이 안 다쳐서 다행이에요.

나   재산피해가 6억이 넘는다고 하네요. 주방에서 일어난 작은 실수였는데, 그렇게 큰 화재로 번져서 옆 상가 건물까지 피해를 줘서 배상책임 또한 피해가 엄청나다고 합니다. 다행히 인명피해가 없어서 천만다행이었죠.

고객   그렇긴 한데, 그 많은 피해금액을 어떻게 배상할까요? 저도 같은 식당을 운영하는 입장에서 남 일 같지 않아서.

나   그분도 당연히 화재보험에 가입해두셨겠죠. 불과 몇 년 전만 해도 식당이나 일부 자영업하시는 분들이 해당영업장을 보험에 가입해두지 않아서 이렇게 큰 화재가 나거나 손님들에게 배상책임을 져야 할 때 아주 곤란했었는데요. 지금은 일정부분의 영업장 개업신고를 할 때는 화재보험 가입증서를 제출해야만 영업을 개시할 수 있습니다. 정부는 2013년부터 건물주가 아닌 다중이용업주에게 화재보험 가입을 의무화시켰어요. 당시에 미가입자들에게 과태료까지 부과하면서 가입을 강제시켰지요.

고객 아, 화재보험 당연히 가입해야죠. 안 하는 사람들이 있단 말인가요? 어렵게 일군 사업장이 그냥 한순간에 날아갈 수도 있는데요. 저도 지금까지 이 식당을 일구는데 정말 고생 많았답니다. 제 초등학교 동창생 하나도 사당에서 식당을 운영하는데, 손님 한 분이 식당에서 넘어지면서 인대가 파열이 됐대요. 식당 바닥에 누가 물을 흘려 바닥이 미끄러웠나 봐요. 그런데 그걸 종업원이 치운다고 준비하러 간 사이에 어르신이 미끄러져 넘어진 거죠. 제 주위에 아직도 화재보험 가입 안 하려는 사업점주들이 많아요.

나 몇 년 전에 화재가 나서 옆의 건물까지 태우면 그 비용까지 모두 배상할 책임이 있다고 법원판결이 나왔었죠. 내 가게 다 타고 재산피해 입은 것도 억울한데, 옆 사업장의 재산피해까지 다 배상을 해줘야 하니 그야말로 한순간에 생사가 갈리는 무서운 일입니다.

고객 요즘엔 별의별 사고가 많아요. 열심히 물청소했더니 미
끄러져 다쳤다는 손님, 멋있게 인테리어를 했는데 뭔가
갑자기 떨어져 다친 손님, 유리문에 손이 낀 어린이, 통
로가 좁아 넘어졌다는 손님, 멀쩡하던 간판이 뚝….

나 사장님, 이런 사고들은 모두 화재보험의 시설소유관리자
배상책임 특별약관에서 배상합니다. 그러니 화재보험에
가입했다면 그래도 마음 좀 놓으셔도 됩니다.

그 밖의 음식물배상책임, 가스사고배상책임, 임차자배상
책임, 약국시설배상책임, 의약품배상책임, 화재대물배상
책임 등이 있어서 사업장마다 맞는 특약으로 가입하면
보상이 돼요.

고객 이렇게 크게 보장받으려면 보험료가 어느 정도 되나요?
지난번에 가입한 게 있는데, 좀 작은 듯싶어요. 한번 봐
주세요.

다중이용업소

(출처: 위키대백과)

휴게음식점, 단란주점영업, 유흥주점영업, 비디오물소극장

업, 복합영상물제공업 등 불특정 다수인이 이용하는 영업 중 화재 등 재난 발생 시 생명·신체·재산상의 피해가 발생할 우려가 높은 것으로서 시행령 제2조(다중이용업)에서 정의한 영업을 말한다. 다중이용업을 운영하는 자는 국가와 지방자치단체가 실시하는 다중이용업소의 안전관리 등에 관한 시책에 협조하여야 하며, 다중이용업소를 이용하는 사람들을 화재 등 재난이나 그 밖의 위급한 상황으로부터 보호하기 위하여 노력하여야 한다.

다중이용업주는 다중이용업소의 화재로 인하여 다른 사람이 사망·부상하거나 재산상의 손해를 입은 경우 피해자에게 대통령령으로 정하는 금액을 지급할 책임을 지는 책임보험(화재배상책임보험)에 가입하여야 한다.

시설소유자 배상책임

회사는 보험기간 중에 피보험자가 소유, 사용 또는 관리하는 시설(이하 "시설"이라 하며, 보험 증권(보험가입증서)에 기재된 시설에 한합니다) 및 그 시설의 용도에 따른 업무(이하 "업무"라 합니다)의 수행으로 생긴 우연한 사고로 타인의 신체에 장해(이하 "신체장해"라 합니다)를 입히거나 타인의 재물을 망가뜨려(이하 "재물손해"라 합니다) 법률상 배상책임을 부담함으로써 입은 손해를 보상한다.

보상하지 아니하는 손해

(출처: A손해보험사 약관)

① 에너지 및 관리할 수 있는 자연력, 상표권, 특허권 등 무체물에 입힌 손해에 대한 배상책임

② 공해물질의 배출, 방출, 누출, 넘쳐흐름 또는 유출로 생긴 손해에 대한 배상책임 및 오염물 제거 비용

③ 업무에 종사 중 입은 신체 장해에 대한 배상책임

④ 시설의 수리, 개조, 신축 또는 철거공사로 생긴 손해에 대한 배상책임 그러나 통상적인 유지, 보수작업으로 생긴 손해에 대한 보상은 가능

⑤ 피보험자가 소유, 점유, 임차, 사용 또는 관리하는 자동차, 항공기, 선박으로 생긴 손해에 대한 배상 책임

⑥ 양도한 시설에 대한 배상

⑦ 피보험자의 점유를 벗어나고 시설 밖에서 사용, 소비되는 음식물이나 재물로 생긴 손해에 대한 배상

⑧ 의사 및 간호사, 약사, 건축사, 설계사, 측량사, 이용사, 미

용사, 안마사, 침술사 등 전문 직업인의 작업상 과실로 생긴 손해에 대한 배상

⑨ 지하 매설물에 입힌 손해 및 손해를 입은 지하 매설물로 생긴 다른 재물의 손해에 대한 배상

⑩ 작업종료 또는 폐기 후 작업의 결과로 부담하는 손해에 대한 배상책임

음식물배상책임

(출처: A손해보험사 약관)

회사는 이 특별약관의 보험기간 중에 피보험자가 보험기간 중에 보험증권에 기재된 구역 내에서 음식물을 타인에게 제조, 판매 또는 공급한 후 그 음식물로 생긴 우연한 사고(이하 "사고"라고 합니다)로 인하여 타인의 신체에 대한 법률상의 손해배상책임을 부담함으로써 입은 손해를 특별약관에 따라 보상한다.

나의 전문성을 팔아라

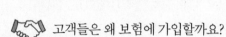 고객들은 왜 보험에 가입할까요?

예, 맞습니다. 예상하신 대로 바로! 보장받기 위해서입니다!
당연합니다!

그런데요, 보험사고가 났을 때 보험금 지급은 아무나 도와드릴
수 없습니다.
"비슷한 상품, 비슷한 보험료, 수많은 FC들 중 왜 고객이 왜 나
에게 가입해야 하는가?" 라는 질문을 스스로에게 해보세요. 어
차피 그 고객의 주위에는 분명 4~5명의 아는 설계사들이 있을
것입니다. 주로 지인들에게 가입하는 경향을 봐서는 나에게 가
입할 확률은 적습니다. 그렇다면 그 지인 설계사들을 제치고
나에게 가입하게 할 무기는 무엇인지 찾으셔야 합니다.
'난 전문성이 있다. 난 그들과 다르다'라는 차별성이 있어야
한다는 것입니다. 오히려 아는 사람에게 가입했을 때 낭패를
본 경험이 있을 수도 있습니다. 서로 잘 안다고 해서 믿고 고객

관리를 안 하고 방치하는 경우가 흔하기 때문이죠.

나만의 전문성을 키우고 나만이 할 수 있는 그 무엇을 반드시 만드세요. 그 중 가장 실질적이고 기본적인 것은 보험금 지급과 관련한 다양한 사례들을 알고 공부하는 것입니다.

보험금 지급을 도와드린다면 고객은 스스로 나의 조력자가 되어 열심히 활동해줄 것입니다.

돈은 많은데
병도 많아요

나 　회장님, 오랜만에 뵙습니다. 얼굴이 좋아 보이시는데 좋
　　은 일 있으세요?

고객 　아, 그래 보이나요? 얼마 전 검진에서 암은 아니라고 나
　　와서 그런가 봅니다. 가족들에겐 티 안 내려고 노력했는
　　데 사실, 속으로는 걱정이 많았거든요.

나 　걱정 많으셨겠어요. 누구라도 두렵죠. 질병이라는 게 준
　　비하고 있다가 오는 게 아니니까요. 제가 아는 한 사장님
　　도 고혈압이 있었지만 잘 관리하셨고, 경제적으로 워낙
　　여유롭다 보니 보험은 생각을 안 하고 계셨어요. 모임에
　　서 여러 번 뵈면서 자연스럽게 재무컨설팅을 해드리고
　　있었는데요. 어느 날 전화가 왔어요. 쓰러져서 병원에 계
　　시다고요. 자택에서 식사를 하시던 중에 사고가 발생했
　　고 뇌출혈 진단으로 중환자실에 몇 달째 계시다가 돌아

가셨어요. 가족들은 갑작스러운 사고에 병원비도 문제였고 회사 경영에 문제가 생겨서 매각절차를 밟고 있다고 해요. 상속세를 준비하지 않은 상태로 갑작스럽게 이런 일이 벌어지니 회사를 매각해서 상속세를 마련해야 하는 상황에 놓인 겁니다. 또 중환자실에 오래 계시다 보니 병원비도 1억 가까이 들었구요.

고객 아, 사람 일은 정말 모른다더니… 덜컥 겁이 나네요. 팀장님, 사실 제가 요즘에 검진을 하면서 많은 생각을 했는데, 제 건강도 걱정이지만, 장례비라도 준비해야 하지 않을까 하는 생각이 들더라구요. 고혈압, 당뇨는 합병증도 많아서 저도 '혹시나' 하는 생각이 자주 듭니다. 저같이 고혈압에 당뇨까지 있는 사람들은 가입할 수 있는 보험은 없겠죠?

나 회장님, 물론 있습니다. 불과 몇 년 전만 해도 고혈압에 당뇨까지 있다고 하면 가입할 수 있는 보험이 없었는데, 최근에는 가입할 수 있는 보험이 여러 개 생겼어요. 사실 회장님처럼 어느 정도 경제력이 되시는 분들은 질병이 있으셔도 건강검진 등을 자주 받으시면서 체크를 하고 계셔서 오히려 질병이 없는 분들보다 더 건강관리를 잘하시는 분들도 많습니다.

고객 그런가요? 그래서 제가 합병증 안 생기고 잘 유지하고 있나 봅니다. 어떤 상품을 가입할 수 있을까요? 보험료가 좀 비싸더라도 여러 가지를 좀 보장했으면 합니다.

나 일단 건강보험으로 가입할 수 있는 것은 진단비를 보장하는 상품으로 가입이 가능하시고 종신보험도 가입할 수 있습니다.

고객 고혈압, 당뇨가 있어도 가입이 가능하다니요. 재작년에도 몇몇 보험사에서 힘들다고 거절했거든요. 좋은 세상이에요. 저 같은 사람이야 허락만 해준다면… 아플 때나 먼저 갈 때 가족들에게 그래도 걱정시키는 건 덜겠네요.

나 고혈압, 당뇨가 있는 분들이 가장 두려워하는 병이 급성심근경색과 뇌졸중인데요. 병력이 있으셔도 진단비를 보장해주는 상품이 있으니 설명해드릴게요. 그리고 종신보험으로 말씀하신 상속세 마련과 장례비 마련하는 방법에 관해 컨설팅해 드리겠습니다.

감성을 건드릴 한 마디 2

브라이언 트레이시의 《판매의 심리학》을 보면 다음과 같은 유명한 일화가 나옵니다.

매물로 나온 집을 보러온 여자가 마당의 체리나무를 보며 어릴 때 집에 체리나무가 있었다며 이런 집에서 살기를 꿈꿨다고 흘리듯 말했습니다. 부동산중개인은 그 말을 귀담아 들었습니다. 여자는 집을 둘러보면서 수리할 곳이 많다고 불만을 토로했죠. 그러자 부동산중개인이 "그렇지만 이곳에서 저녁을 준비하면서 창밖으로 아름다운 체리나무를 늘 볼 수 있죠"라고 강조했고 여자는 그 한 마디에 집을 바로 구매했습니다.

고객의 얘기를 경청하다 보면 고객이 진정으로 얻고 싶은 이득이 무엇인지 알 수 있죠. 내가 팔고자 하는 상품을 내 입장이 아닌 고객의 목소리로 직접 듣고 캐치해야 합니다.
한 문장, 한 마디의 위력은 아주 큽니다. 고객이 얻을 수 있는 가장 큰 이익을 한 마디로 표현해보세요.

실버
보험금 마케팅

001

실손보험만
있으면 되지요

나 　교수님, 잘 지내셨어요? 저는 얼마 전에 친구 어머님이
돌아가셔서 장례식장에 다녀왔는데, 마음이 많이 아프더
라구요. 제가 초등학교 때 친구어머니가 항상 저희 엄마
처럼 따뜻하게 해주셨거든요. 일찍 돌아가신 엄마의 빈
자리를 일부 채워주신 분인데 당뇨를 오랫동안 앓으시다
가 오른쪽다리를 절단하고 합병증에 뇌출혈까지 와서 병
원에 오래 누워 계시다가 돌아가셨어요.

고객 　마음이 정말 힘드셨겠네요.

나 　저는 사실 저희 엄마 같아서 마음이 많이 아팠는데, 어머
님은 항상 자식들 고생시킨다며 빨리 가고 싶다고 말씀
하셨대요. 거의 8년을 병원생활 하셨으니 가족들이 병원
비로 좀 힘들어하긴 했는데, 내색은 안 했죠. 어머님이
계속 병원비 걱정에 자식 눈치를 보셨더라구요. 오랫동

안 병원생활 하시니 사실 가족들도 힘들었고요.

고객 친구분 어머님이면 팀장님이 실손의료비보험 가입시키셨을 거 아니에요? 설마 없었던 건 아니시죠?

나 네, 당연히 당뇨와 뇌출혈 진단 전, 건강하실 때 가입해 두셨죠. 그런데, 실손만 가지고는 모든 치료비가 다 해결되진 않아요. 기본적인 의료비는 해결이 가능하지만, 예를 들어 뇌출혈의 경우, 석 달에 한 번씩 통원으로 CT나 MRI 같은 검사를 받는데, 병원마다 검사비가 천차만별이죠. 통원비는 2017년 3월 31일 가입하신 고객님의 경우 30만원 한도이기 때문에(가입년도에 따라 지급기준이 다를 수 있음) 검사비가 70만원 정도가 나오면 나머지는 본인이 부담해야 해요. 그리고 입원하면 한 질병당 5천만원 한도인데 입원비를 넘어서는 경우도 의외로 많죠.

고객 아! 그렇겠네요. 그 생각은 못했어요. 실손의료보험만 있으면 다 해결되는 줄 알았더니 그게 아니네요.

나 교수님, 요즘 암 2~3기 진단받으면 큰 병원들은 며칠 입원시키는지 아세요?

고객 글쎄요. 주위 암환자들 보니까 대략 일주일? 정도 입원하는 것 같더라구요. 암인데 입원을 이렇게 짧게 시켜도 되나 싶어요. 예전에 비해서 너무 짧아진 것 같던데요.

나 네, 맞아요. 상태마다 다르지만 위암진단 받고 위절제수
술까지 해도 5일 정도 입원 후 퇴원시켜요. 의학기술이
발달해서 전신마취를 해도 회복력이 빠르고 종합병원은
어느 정도 긴급한 치료가 끝나면 일찍 퇴원시키죠. 암환
자들이 주로 몰리는 병원이 세브란스병원, 국립암센터,
서울대병원, 삼성서울병원, 아산병원 등인데요. 불과 5
년 전만 해도 보통 10일 이상 입원했었는데 최근에는 입
원 기간이 굉장히 짧아졌죠. 문제는 그다음 항암약물, 방
사선치료에요. 지방에서 암수술 받으려고 올라온 환자
들은 퇴원하고 내려가서 항암약물, 방사선치료 받으러
다시 서울와서 3~5일마다 항암방사선치료를 받아요. 입
원이 아니고 통원으로요. 그러면 고통스러운 치료받고
다시 내려가기에도 기운이 빠져서 근처 모텔에서 머문다
고 해요. 있을 곳이 없다는 게 큰 문제죠.

고객 그 정도 입원이면 퇴원해도 힘들어하던데. 옛날에는 3기
라면 보통 2~3주 입원했던 거 같은데요. 그만큼 의술이
좋아진 거겠죠?

나 네, 좋아진 거죠. 다양한 수술기법과 신기술이 도입되면
서 예전에 비해 치료기간이 짧아진 것도 맞아요. 그런데
그만큼 치료비가 더 있어야 한다는 말이기도 해요.

고객　저도 티비에서 몇 번 본 것 같아요. 거의 다 죽어가던 폐암 환자가 신약 먹고 정상인처럼 좋아져서 돌아왔다는 내용이었는데, 치료비가 한 번 갈 때마다 700만원씩 들었대요. 열 번 하다가 돈이 없어서 더 이상 못받고 있다고 하더라고요. 실손보험만 갖고는 정말 어렵긴 하겠어요.

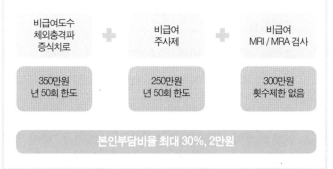

실손의료비 보상기준

1. 상해입원, 질병입원, 종합입원형
   - 최초 입원일로부터 365일 보상 / 5천만원 한도
   - 동일한 상해 및 질병으로 365일 이상 입원시 90일 보상제외 후 새로운 상해 또는 질병으로 간주, 이후부터 365일 보상

2. 상해통원, 질병통원, 종합통원형
   - 매년 계약 해당일로부터 1년 단위로 외래 및 처방조제비 각각 보상 (년간 180회 통원, 처방전 180건 한도)

3. 상해통원, 질병통원, 종합통원형

비급여도수 체외충격파 증식치료	비급여 주사제	비급여 MRI / MRA 검사
350만원 년 50회 한도	250만원 년 50회 한도	300만원 횟수제한 없음

본인부담비율 최대 30%, 2만원

002

나이들어 암 걸리면
보험이 무슨 의미인가요

고객　팀장님, 얼마 전 저희 친구 큰 이모님이 연세가 76세이신
　　　데 자궁경부암에 걸리신 거예요. 예전에는 그 연세에 암
　　　에 걸린다는 것은 상상도 못했는데 깜짝 놀랐어요.

나　　과장님, 요즘에는 암이라는 게 나이랑 상관이 없어요. 아
　　　는 분 아버님도 80세에 대장암진단 받으셨거든요. 평균
　　　수명이 늘어나면서 암 발병 나이도 뒤로 가고 있는 추세
　　　예요. 그런데 예전에 가입해둔 암보험은 전부 60,70세 만
　　　기였어요.

고객　그렇죠. 예전에는 이렇게 나이를 먹어서도 암에 걸릴 거
　　　란 생각 자체를 못했죠. 저희 친정부모님 암보험도 다 70
　　　세 만기일 걸요. 그러고 보니 지난번에 어디 보험사에서
　　　암보험 가입 전화가 왔었는데 저희 아버지가 "나이 먹어
　　　암 걸리면 죽어야지 무슨 또 암보험을 가입해요" 라고

하시고 끊으셨대요. 그리고 저에게 암보험 몇 살까지냐
고 물어보시더라구요. 언제 가입했는지 저도 기억이 안
나서 보험사에 전화했더니 70세 만기인 거예요.

나 아마 그 나이대 어르신분들이 전부 60,70세 만기로 가입
하셨을 거예요. 저희 부모님 보험도 70세 만기여서 실버
암을 하나 더 가입해드렸어요.

고객 아, 그래서 저도 실버암 알아봤는데 보험료가 5만원이 넘
더라구요. 나이에 비해서는 저렴한 보험료라고 생각하
는데 두 분 다 가입하려니 좀 부담이 되긴 해요.

나 그럼, 이렇게 해보세요. 과장님 오빠분 계시죠? 오빠분과
각각 하나씩 가입해드리면 되죠. 결국 부모님 아프시면
자식들이 일부는 비용을 내셔야 하잖아요.

과장님, 요즘 5만원이 어느 정도 가치가 있다고 생각하세
요? 결혼식 축의금으로 낼 수 있는 돈인가요?

고객 글쎄요, 식사 안 하는 경우는 낼 수 있을 것 같아요. 직장
동료나 지인들 정도는요.

나 요즘 결혼하는 친구들 보면 대부분 호텔에서 결혼식을
하던데요. 과장님 지인분들도 그렇지 않나요?

고객 네, 요즘 젊은 사람들은 다 호텔에서 하더라구요. 우리
때랑은 많이 다르죠.

나 그럼, 호텔에서 하는 결혼식에 축의금으로 5만원 내실 수 있으세요?

고객 아이고, 5만원을 어떻게 내요? 밥값도 안 나오겠네요. 10만원은 내야죠.

나 네, 맞아요. 삼겹살 2인분 드셔도 냉면에 술 한잔 하면 보통 6~7만원입니다. 스타벅스 커피는 한 잔에 5~7천원합니다. 8잔 정도 가격이죠. 5만원 한 장이 시장경제에서는 가치가 매우 떨어진 돈이죠. 그런데요 과장님, 보험료 5만원은 실물경제에 비해 그 가치가 20배 이상 됩니다. 5만원짜리 암보험 하나가 나중에 진단비 3~4천으로 돌아옵니다. 커피값 6~8잔 아끼면 정말 급할 때 나를 살리는 생명연장가치의 돈이라는 거죠.

고객 아, 그렇게 생각하니 비교가 확 되네요. 키워주신 부모님께 한 달에 5만원은 사실 큰 돈은 아니죠. 오빠랑 저랑 부모님께 하나씩 가입해드려야겠어요.

지금 가질 수 없다면 기회가 없다?

'희소성의 원리'라는 것이 있습니다. 무심코 켠 TV 홈 쇼핑에서 유명 브랜드 신상구두가 백화점과 동일한 상품인데 40% 저렴한 가격에 판매한다고 합니다. 이때 당신은 쇼호스트의 말에 눈과 귀를 떼지 못합니다. 방금 세탁기에서 빨래가 다 됐다는 신호음이 들렸으나 빨래 따위 세탁기에 좀 넣어두면 어 떠랴, 한정판으로 딱 500개만 판매한다며 "먼저 가져가는 사람이 대박이고 행운입니다"라는 멘트가 귀에 착착 감겨오는 걸요. 당장 저 물건을 사지 않으면 다시는 저 가격에 도저히 살 수 없을 것 같습니다. 자기도 모르게 바로 주문을 합니다. 카드 번호까지 입력하고 나니 그제야 무언가 대단한 것을 손에 쥔 것처럼 기쁨과 안도의 한숨이 흘러 나옵니다.

'점포정리, 초특가 세일'이란 대형현수막 앞에 한번쯤 혹해서 물건을 구입해본 경험이 있을 겁니다. 손에 넣기 어려울수록 더 소중하게 느껴지고 소유욕이 폭발하게 됩니다. 지금 당장 사지 않으면 손해를 입게 된다는 심적 회계를 이용한 방법입니다.

"이 보험은 다음달에 보험료가 오릅니다. 지금 아니면 다시 시간 내서 가입하기 쉽지 않습니다. 싸인해야 할 때는 이미 늦을 수도 있습니다. 옆집에 암진단 받으셨다면서요. 그분도 미리 알았더라면 전날이라도 가입하고 말았을 겁니다."

고객들에게 PT를 하고 마지막 단계에서 망설일 때 일침을 놓는 멘트로 한번 활용해보세요.

해가 갈수록 변화되는 보험, 과거에 좋았던 보험은 이제 점점 더 보장이 작아지거나 횟수가 제한되고 있습니다. 만약 계속 가입을 망설이는 고객이 있다면, 지금이 아니면 더 좋은 보장은 가입하기 힘들다, 라는 메시지를 강하게 던질 필요가 있겠습니다.

자식들이 케어해줄 거예요

나   과장님, 안녕하세요? 얼마 전에 병원 갈 일이 있어서 다녀왔는데, 노인분들이 정말 많으시더라구요. 요즘은 의학기술이 발달하면서 수명이 길어지고 있다는데 정말 그런 것 같아요. 동네에도 노인재가복지센터 같은 요양센터들이 많이 생겼어요. 치료받는 분들이 점차 많아지고 있어서 건보진료비도 매년 6%씩 증가하고 있답니다.

고객   정말 의료기술이 좋아지니까 요즘은 65세면 완전히 청춘이고 노인정에서도 막내라고 하잖아요.

나   그러게 말이에요. 특히 알츠하이머 치매, 파킨슨 질병, 고혈압, 심장질환 등 2013년도에는 35.4%였다가 2017년에는 39.9%로 계속 증가하고 있다고 해요.

고객   옛날에는 병이 나도 치료를 못 받아서 많이 죽었는데 이제는 웬만하면 치료를 받을 수 있고 게다가 현대에는 질병들이 또 많아져서 치료비도 그만큼 많이 나가더라구요.

나   과장님, 조선시대 사람들의 평균수명은 어땠을까요?

고객   글쎄요. 일찍 죽었겠죠. 조선시대 왕들의 평균수명이 47세였다고 들었어요. 태조의 아들이자 조선의 2번째 왕인 정종은 병이 날 때마다 운동으로 관리를 잘해서 63세까지 장수했다고 하더라구요. 그럼, 평민의 수명은 그보다 훨씬 아래이지 않았을까요?

나   그때는 계급에 따라 달랐다고 해요. 천민은 40~47세, 양반은 50~56세, 환관은 70세였다고 하더라구요. 환관은 계급이 높아서 병에 걸리면 그래도 온갖 치료를 다 받을 수 있으니 다른 계급보다 훨씬 오래 살았던 것 같아요.

고객   뭐니 뭐니 해도 역시 치료비가 있어야 치료를 받을 수 있었다는 거네요.

나   아파도 치료받지 못하면 생존을 길게 할 수 없다는 얘기인 거죠. 왜 나이가 들면 밥보다 약을 많이 먹는다는 말이 있잖아요. 아는 분 어머님이 마트에서 아르바이트를 하시는데 오래 서서 일하다 보니 얼마 전부터 우측다리의 통증도 있고 혈관이 부풀어 오른 것 같아 병원을 찾았는데, 하지정맥류 진단을 받고 레이저수술을 받으셨대요. 병원비가 총 300만원가량 나왔다고 하네요. 실손보험에 청구하려고 하는데 못 받았다고 저한테 연락을 하셨더라구요.

고객 하지정맥류 수술은 보험금 안 나온다고 저도 들었어요. 정말 안 되나요? 아니, 아파서 치료받은 건데 왜 보험금을 안 주나요? 보험사 너무 한 거 아니예요?

나 아니예요, 과장님. 실손보험에서 보상이 됩니다. 건강보험의 급여 대상이 아닌 수술을 했을 때도 치료목적이라고 판단되면, 보험금을 지급합니다.

하지만 하지정맥류에 대한 실손보험 청구가 급증하면서 치료목적의 수술, 치료가 행해졌다는 것을 증명하기 위해 혈류초음파검사 결과지를 보험사에 제출해야 해요. 금감원이 보험금 지급 심사 과정에서 정맥류 수술이 치료목적이었다는 것을 적용하기 위해서 정확한 기준이 있어야 한다고 판단한 거죠.

고객 아! 보험금 받을 수 있군요. 당연히 그래야죠. 보험을 가입하는 이유가 이런 것 때문인데요.

나 네, 요즘에 노인성 질병으로 청구가 많이 들어오는 게 바로 이 하지정맥류수술인데요. 그런데 이 수술도 몇 만 원 내고 치료 받을 수 있는 게 아니기 때문에, 사실 병원비가 부담스러운 치료입니다. 나이가 들수록 더 병원비를 많이 쓰게 되는데 이래서 기본적인 보장을 해주는 보

금감원이 제시한 치료 목적의 수술

비급여 다리정맥류 수술 관련 치료목적 판단 기준

가. 다리정맥류가 발생한 부위에 다리정맥류로 인한 증상이 있거나, 다리정맥류에 의한 합병증 예방목적이 있어야 함.

나. 혈류초음파 결과, 대복재정맥, 소복재정맥, 정강정맥, 심부대퇴정맥, 관통정맥의 역류가 0.5초(대퇴정맥 또는 슬와정맥의 경우 1초) 이상 관철되어야 함.

① 위 '가'와 '나'를 모두 충족한 경우 또는

② 가'와 '나'를 모두 충족한 경우에 준한다고 의료계 일반에서 널리 인정되는 경우

험에 가입해두셔야 해요. 자식들이 케어해줄 거라고 자신 있게 말씀하실 수 있는 분들이 몇이나 될까요? 요즘은 자식들도 먹고 살기 힘든 세상이잖아요. 게다가 그나마 저런 질병이면 괜찮은데, 암이나 뇌질환, 심장질환, 치매 등은 오랜 투병생활과 돈이 어마어마하게 들어갈 텐데, 자식에게 짐을 지우고 싶진 않겠죠.

국립암센터, 439명 설문조사 결과

(자료: 아시아경제 정종오 기자)

"가족에게 짐이 될까 걱정입니다."

노인 암환자의 10명 중 3명이 '가족에 짐이 될까'를 걱정하는 것으로 조사됐다. 국립암센터(원장 이강현) 박기호 암정책지원과장은 삼성서울병원 신동욱 교수, 국립정신건강센터 구애진 전문의 연구팀과 함께 국립암센터를 비롯한 전국 10개 병원에서 2014년에 치료받은 60세 이상의 위암, 대장암, 폐암 환자 439명을 대상으로 설문조사를 실시했다.

노인들은 가족과 병에 대해 의사소통하는 문제(45%), 인생의 목적에 대한 고민(40%), 가족에게 짐이 될까 하는 걱정(30%), 주변 사람들에 대한 걱정(25%), 미래에 대한 걱정(25%), 거동장애(20%), 관절 경직 문제(15%) 등을 호소하는 것으로 조사됐다.

특히 병기가 높을수록 주변 사람에 대한 걱정이 많았다. 거동 장애가 있을수록 질병에 대한 부담감이 높고 삶의 목적에 대한 고민이 많은 것으로 나타났다. 연구팀은 이번 조사 결과를 바탕으로 '노인 암환자 대상의 한국어판 삶의 질 척도' 를 개발했다. 암은 노인에게 흔히 발생하는 질환이다. 인구의 노령화와 함께 2020년에는 전체 암환자의 3분의2가 65세 이상이 될 것으로 예상된다. 국내 연구팀이 노인 암환자의 삶의 질에 영향을 미치는 주요 요인을 분석하고 이를 바탕으로 삶의 질을 향상시키는 정책을 연구했다.

이번 연구를 주도한 박기호 암정책지원과장은 "노인 암환자가 겪는 삶의 질 문제는 분명 젊은 성인과 다르다"며 "그동안 이 문제에 대한 관심 부족으로 삶의 질 평가조차 제대로 이뤄지지 않았다"고 연구의 배경을 설명했다. 박 과장은 "이번 연구가 통합적 지지의료 측면에서 노인 암환자와 가족들이 겪는 심리 · 정서적 문제를 규명하고 삶의 질을 향상하는데 기여하길 바란다"고 덧붙였다.

나만의 화법

 똑같은 화법, 누구다 다 쓰는 화법으로는 경쟁력을 가질 수 없습니다.

"고객님, 주위에 암환자 많으시죠? 암에 걸리면 몸도 힘들고 돈도 많이 들고 너무 힘들어요."라는 내용의 말 대신에 이렇게 한번 말씀해보세요.

"고객님, 세상은 작은 룰렛판입니다. 누군가 암이라는 화살을 가지고 던질 준비를 하고 있어요. 누가 그 암화살을 맞을지 아무도 모릅니다. 확률상 계속 던진다면 언젠가는 나도 맞을 수 있다는 얘기입니다."

살짝만 바꿔서도 됩니다. 내가 들었을 때도 좀 흔들리겠구나 하는 화법, 감성을 담은 화법을 한번 개발해보세요.

거기에 한 가지 더! 확 치고 들어가는 한 마디가 있으면 계약이 성사될 확률이 높겠죠?

판매자와 구매자 사이에는 항상 간극이 존재하는데요. 이 간극을 좁히려면 항상 자신만의 이미지를 만드셔야 합니다.

당장 사지 않고는 못 배기는 나만의 강력한 메시지로 인식을 남기세요.

치매 안 걸릴 자신 있지만 두렵네요

나 정 대리님, 부모님 두 분 다 건강하신가요?

전 요즘 부모님 연세가 70이 넘으시다 보니 사실 치매에 대한 걱정이 되더라구요. 저희 외할아버지도 옛날에 우리가 흔히 말하는 노망이라는, 원래는 그게 치매지만. 한 10년을 그렇게 저희 엄마가 모시다가 돌아가셨거든요. 그래도 97세까지 사셨으니 옛날치고는 장수하신 건데요. 대신 저희 가족들이 많이 힘들었어요. 엄마도 우울증이 오고, 다른 가족들도 마음에 항상 짐이 있었죠.

고객 고생이 많으셨겠네요. 치매는 정말 남 일 같지 않아요. 제 주위에도 치매부모님을 간병하는 집이 좀 있는데, 가족들의 고통이 말이 아니예요. 결국에는 요양병원으로 보내는 길을 택하더라구요. 자식들도 일을 해야 하고 딱히 고정적으로 돌볼 가족이 없으니 서로 정신적, 경제적 고통이 큰 거죠.

나   그렇죠, 정 대리님 말씀처럼 요즘 치매부모님 간병하는 집이 한두 집이 아니죠. 오죽하면 나라에서 복지정책을 계속 발표하려고 노력할까요. 그런데 나라에서 요즘 도와주고 있는 정책만으로는 간병비가 턱없이 부족하다고 해요.

고객   아, 그래요? 저도 그런 얘기 듣기는 했는데, 얼마나 부족한가요? 그 집은 치매보험은 들어놓은 것 같던데, 치매보험만 크게 들어놔야 하는 건가요?

저는 실손보험이 있기는 한데, 거기서 치매는 안 되죠?

나   제가 설명해 드릴게요. 대리님!

제 지인의 얘기인데요. 기억력이 좋기로 소문난 50대 여성인데 작년부터 건망증이 심해지더니 급기야 외출을 다녀오다가 집을 기억하지 못하는 일이 발생한 거예요. 병원에 내원하여 정밀검사를 받았고, 진단명은 알츠하이머병의 치매로 약물치료를 권유 받고 현재 몇 달째 치료 중에 있는데요. 이분도 실손의료비보험에서 치매는 보상이 안 된다고 들어서 보험금을 청구하지 못하고 있었다가 얼마 전 저를 만나고 얘기해서서 보험금 청구를 도와드렸고, 치료비가 모두 지급되었어요. 많은 분들이 실손의료비보험에서는 치매는 보상이 전혀 안 된다고 알고 계세요. 그런데 치매도 실손의료보험에서 보상이 됩니다. 실손의료보험 표준약관상 한국표준질병사인분류코드 F04~F99에 해당하는 정신과질환 및 행동장애는 보상하지 않는 손해로 규정되어 있는데요. 그러나 치매의 경우 표준질병사인분류코드 F00~F03에 해당하는 항목이므로 실손의료보험에서 보상이 가능해요.

우리가 병원에 갔을 때 치매 관련 표준질병사인분류코드는 F00은 알츠하이머병에서의 치매이고, F01은 혈관성 치매, F02는 달리 분류된 기타 질환에서의 치매로 보상이 되어요.

고객 아! 이런 좋은 팁이 있다는 걸 전혀 몰랐네요. 진작 알았으면 주위에 알렸을 텐데요.

나 이제부터라도 제대로 아시고 권리를 누리시면 돼요. 또 나라에서 지원하는 등급에 해당되면 민간보험사에서도 지급하는 LTC치매간병보험도 기준을 말씀드릴게요.

국민건강보험공단의 노인장기요양보험제도라는 것을 이해하셔야 하는데요. 우리나라 국민이라면 누구나 의료보험료에서 일정부분 보험료를 의무적으로 납부하고 있어요. 우선 지원을 하는 기준은 65세 이상과 65세 이하로 나누어져요. 65세 이상의 노인 또는 65세 미만의 자로서 치매·뇌혈관성 질환 등 노인성질병을 가진 자 중 6개월 이상 혼자서 일상생활을 수행하기 어렵다고 인정되는 자를 그 수급대상자로 하고 있습니다.

내가 내는 의료보험비에서 장기요양보험 활용하기

(출처: 국민건강보험공단)

장기요양보험 가입자 및 그 피부양자나 의료급여수급권자 누구나 장기요양급여를 받을 수 있는 것은 아닙니다.
일정한 절차에 따라 장기요양급여를 받을 수 있는 권리(수급권)가 부여되는데 이를 장기요양인정이라고 합니다.

장기요양인정절차는 먼저 공단에 장기요양인정신청으로부터 출발하여 공단직원의 방문에 의한 인정조사와 등급판정위원회의 등급판정 그리고 장기요양인정서와 표준장기요양이용계획서의 작성 및 송부로 이루어집니다.

노인장기요양보험은 고령이나 노인성질병 등으로 인하여

혼자의 힘으로 일상생활을 영위하기 어려운 대상자에게 요양시설이나 재가기관을 통해 신체활동 또는 가사지원 등의 서비스를 제공하는 제도입니다.

본인 일부부담금(「노인장기요양보호법」 제40조)

재가 및 시설 급여비용 중 수급자의 본인일부부담금(장기요양기관에 직접 납부)은 다음과 같습니다.

- 재가급여 : 당해 장기요양급여비용의 100분의 15
- 시설급여 : 당해 장기요양급여비용의 100분의 20
- 「국민기초생활보장법」에 따른 의료급여 수급자는 본인 일부부담금 전액 면제
- 「의료급여법」의 수급권자(「국민기초생활보장법」에 따른 의료급여 수급자 제외), 소득·재산 등이 보건복지부장관이 정하여 고시하는 일정 금액 이하인 자, 천재지변 등 보건복지부령으로 정하는 사유로 인하여 생계가 곤란한 자 등은 본인 일부부담금의 50%를 감경

재가급여(복지용구 제외)의 월한도액

등급	월 한도액(원)
1등급	1,396,200
2등급	1,241,100
3등급	1,189,400
4등급	1,085,900
5등급	930,800
인지지원등급	517,800

장기요양인정의 신청자격

- 자격 : 장기요양보험 가입자 및 그 피부양자, 의료급여수급권자
- 대상 : 만65세 이상 또는 만 65세 미만으로 노인성 질병을 가진 자

> - 노인성질병 : 치매, 뇌혈관성질환, 파킨슨 병 등 대통령령으로 정하는 질병
> - 장애인 활동지원 급여를 이용 중이거나 이용을 희망하는 경우 장기요양등급이 인정되면 장애인 활동지원 신청 또는 급여가 제한됨
> - 단, 장애인 활동지원 신청 또는 급여 이용의 목적으로 인정된 장기요양등급은 포기할 수 있도록 등급포기절차 신설(2015.9.1 시행)

- 신청장소 : 전국공단 지사(노인장기요양보험 전문운영센터)
- 신청방법 : 공단 방문, 팩스, 우편, 인터넷
- 신청인 : 본인 또는 대리인
- 제출서류 : 장기요양인정신청서

등급판정 절차

등급판정 기준

등급 판정은 "건강이 매우 안좋다." "큰 병에 걸렸다." 등과 같은 주관적인 개념이 아닌 "심신의 기능 상태에 따라 일상생활에서 도움이 얼마나 필요한가?"를 지표화한 장기요양인정 점수를 기준으로 합니다. 장기요양인정점수를 기준으로 다음과 같은 6개 등급 판정을 합니다.

장기요양 등급	심신의 기능상태
1등급	심신의 기능상태 장애로 일상생활에서 전적으로 다른 사람의 도움이 필요한 자로서 장기요양인정 점수가 95점 이상인 자
2등급	심신의 기능상태 장애로 일상생활에서 상당 부분 다른 사람의 도움이 필요한 자로서 장기요양인정 점수가 75점 이상 95점 미만인 자
3등급	심신의 기능상태 장애로 일상생활에서 부분적으로 다른 사람의 도움이 필요한 자로서 장기요양인정 점수가 60점 이상 75점 미만인 자
4등급	심신의 기능상태 장애로 일상생활에서 일정 부분 다른 사람의 도움이 필요한 자로서 장기요양인정 점수가 51점 이상 60점 미만인 자
5등급	치매환자로서(노인장기요양법 시행령 제2조에 따른 노인성 질병으로 한정) 장기요양인정 점수가 45점 이상 51점 미만인 자
인지지원등급	치매환자로서(노인장기요양법 시행령 제2조에 따른 노인성 질병으로 한정) 장기요양인정 점수가 45점 미만인 자

나　보셨듯이 아주 좋은 복지제도죠. 그런데 개인마다 월 한도액이 정해져 있어 결국 본인부담을 해야 할 비용들이 환자에 따라 전부 다르게 책정이 됩니다. 그래서 너도 나도 치매보험, 간병보험 얘기를 하는 겁니다.

고객　아, 나라에서 지원해주는 제도가 전액을 지원해주는 게 아니군요.

나　네, 일부만 지원해주고 있어서 따로 저축이나 보험을 통해서 준비하지 않으면 이 또한 힘들 수도 있어요. 치매간병보험 가입 시 국민건강보험공단과 연계하여 노인장기요양등급 1~4등급 판정시에 등급에 따라 진단비나 간병비를 지급합니다.

치매를 포함하여 활동불능상태가 되어 다른 사람의 간병이 필요한 경우 간병자금을 지급해 드리는데요. 보장기간도 100세나 110세 만기로 길게 설정할 수 있어서 미리 준비하시면 경제적인 부담을 덜 수 있습니다.

가장 좋은 것은 폭넓은 보장을 해주는 실손보험과 치매간병보험 두 가지를 가입하는 겁니다.

고객　이 표를 집에 하나 붙여 놓아야겠어요. 사실 우리가 의료보험에 장기요양보험료를 내고 있으면서도 이런 건 많이 모르고 있거든요.

나 모든 사람들이 자신은 치매에 걸리지 않을 자신이 있다고 말씀하십니다. 요즘 워낙 고학력이고 기억력도 좋다고 하시면서요. 그러나 2016년 기준 65세 이상 치매환자는 68만 6천 명이며 10명 중 1명이 치매를 앓고 있고, 2024년에는 치매 환자만 백만 명을 넘길 것으로 예상하고 있습니다. 조선일보 기사에 따르면 치매환자 1명을 돌보는데 필요한 시간은 무려 하루 평균 9시간이고, 2014년 보건복지부에서 발표한 자료에 따르면 치매환자 1인당 사회적 비용이 연 2,341만 원이라고 합니다. 현실이 이러하니 다들 마음 한구석에는 불안한 마음이 있으신 거죠. 치매는 노화의 한 과정으로 받아들여져야 합니다. 당연히 예방도 해야겠지만 우선 어쩔 수 없이 거쳐가는 과정이기에 은퇴 후의 생활에 대한 대비를 하듯이 치매에 대한 병원비 대비도 필수인 것이죠. 앞서 언급했듯이, 치매는 환자 본인이 겪는 불편함은 물론이고 돌보는 가족들의 심리적·경제적 고통도 문제가 되는데요. 건강보험심사평가원의 2016년 노인 65세 이상 다빈도 질병통계에 따르면 알츠하이머병의 치매로 인한 입원진료비가 1조 1,199억으로 가장 높게 나타났다고 합니다.

치매로 진료를 받은 인원은 2014년 35만 명, 2015년 38만

명, 2016년 42만 명으로 매년 증가하고 있습니다. 이 중 여성이 71.3%, 남성은 28.7%로 여성이 남성보다 약 2.5배 많은 것으로 나타났죠. 이처럼 해마다 치매환자는 증가하고 있고 사회적인 문제로 대두되고 있어서 건강보험과 실비보험의 적절한 혜택이 크게 필요합니다.

치매 관련 표준질병사인분류코드인 F00~F03은 실손보험금 지급이 되고, 또한 LTC보험, 간병 및 치매 보험 등 정액보험에 가입되어 있는지 확인하셔야 합니다. 있다면 보험금 지급 기준에 해당하는 경우 보험금을 받을 수 있으니 놓치지 마시구요.

**건강보험 보장성 강화로 의료비 줄지만
간병 · 생활비 부족… 정액보험 관심
발병과 동시에 정해진 보험금 지급**

(출처: 메디컬투데이 한솔 기자)

건강보험 보장성 강화대책에 따라 치료에 소요되는 비용부담은 줄어들지만 질병으로 인한 생활비와 간병비 등에 대한 걱정은 여전하다.

최근 정부가 발표한 건강보험 보장성 강화대책을 통해 앞으로 3,800여개 예비급여 추진과 함께 오는 2022년까지 모두 건강보험을 적용할 예정이다. 또 보장률은 70%까지 확대된다.

이에 치료를 통한 개인 부담금은 줄어들지만, 일을 할 수 없는 경우 생활비와 간병비 부족에 대한 우려의 목소리가 커지고 있다.

최근 보험업계의 암과 중대한 질병(CI), 장기간병(LTC)보험 등의 정액 건강보험이 관심을 끌고 있다.

정액 건강보험은 발병과 동시에 정해진 보험금을 지급하는 형식으로, 생활비와 간병비 등 부수적인 비용들을 보전해주는 보험이다.

건강보험이 확대됨에 따라 치료비를 덜 부담하게 되고 LTC보험에 가입된 경우 생활비와 간병비를 받을 수 있다. 보험계 일각에서는 병의 치료만 해결하는 것으로 끝나는 것이 아니라 큰 비용이 소요되는 간병비와 노동력 단절로 인한 생활비 부족을 위해 준비하는 것이 필요하다고 조언했다.